Manual de Psicologia Hospitalar

O Mapa Da Doença

Alfredo Simonetti

Manual de Psicologia Hospitalar

O Mapa Da Doença

Artesã

Manual de Psicologia Hospitalar : o mapa da doença
8ª edição - 5ª reimpressão 2024

Diretor
Alcebino Santana

Revisão
Saulo Krieger

Direção de Arte
Tiago Rabello

Diagramação
Renata Vieira Nunes

Dados Internacionais de Catalogação na Publicação (CIP)
Angélica Ilacqua CRB-8/7057

Simonetti, Alfredo
Manual de psicologia hospitalar : o mapa da doença / Alfredo Simonetti.
8. ed. - Belo Horizonte: Artesã Editora, 2018.
200 p.

ISBN 978-85-8800-982-0

1. Doentes - Psicologia 2. Diagnóstico 3. Hospitais – Aspectos psicológicos 4. Medicamentos - Administração 5. Pacientes hospitalizados - Psicologia 6. Terapêutica I. Título.

16-0156 CDD 362.11019

Índices para catálogo sistemático:
1. Psicologia hospitalar

IMPRESSO NO BRASIL
Printed in Brazil

(31) 2511-2040 (31) 99403-2227
www.artesaeditora.com.br
Av. Rio Pomba 455, Carlos Prates- Cep: 30720-290 | Belo Horizonte - MG
/ artesaeditora

Para
Lilia e Simonetti,
meus pais

Sumário

Prefácio

Ao receber o convite de Alfredo Simonetti, para prefaciar a presente obra, senti-me profundamente honrado, tanto pelo respeito que tenho por seu trabalho quanto pelos laços de amizade e parceria que me ligam ao NEPPHO (Núcleo de Estudos e Pesquisas em Psicologia Hospitalar, instituição em que Alfredo atua). No entanto, a satisfação cresceu intensamente ao entrar em contato direto com a obra, pois pude encontrar uma excepcional contribuição à nossa especialidade, a qual, tenho certeza, será de auxílio a muitos colegas e estudantes.

O livro que ora se apresenta trata a Psicologia Hospitalar e o papel do psicólogo no hospital de maneira direta, numa agradável conversa do autor com os leitores, aborda diferentes temas na área de atividade, considerando como ponto de partida as duas principais tríades que permeiam o nosso trabalho no dia-a-dia do hospital, quais sejam: a **tríade de ação,** determinada pela dinâmica *doença-internação-tratamento* e a **tríade de relação,** composta por *paciente-família-equipe de saúde.*

Numa linguagem objetiva, Simonetti facilita ao leitor a compreensão dos distintos espaços que compõem o processo pensar-fazer Psicologia Hospitalar, partindo de uma postura fenomenológica que possibilita uma interessante leitura psicanalítica como marco de suas reflexões e orientações ao psicólogo hospitalar.

A obra entrelaça de forma admirável a interação entre ciência e arte que caracteriza a especialidade.

No campo da arte, relembra constantemente a importância do encontro terapêutico, do saber ouvir, do saber calar, do saber como e porque falar e, sobretudo, da profunda dimensão humana que encerra esse encontro.

No campo da ciência, organiza e esquematiza elementos que muito auxiliarão o desenvolvimento do raciocínio clínico, a identificação clara do diagnóstico global da pessoa enferma e fornece, com isso, as luzes necessárias para o psicólogo seguir no caminho, sempre desconhecido, da evolução dinâmica do "ser doente".

A utilização do conceito multiaxial para diagnóstico, a exemplo do DSM IV, além de facilitar a compreensão global dos processos biopsicossociais que acompanham o adoecimento, aproxima o saber psicológico (mais qualitativo e subjetivo) do saber biomédico (mais quantitativo e objetivo), possibilitando assim a construção de uma ponte importante para a atividade interdisciplinar integrada nas ações de atenção à saúde das pessoas.

A partir do modelo de psicologia de ligação, que considera a atividade do psicólogo hospitalar como um *continuum* dentro do hospital, presente em cada momento em que se manifestam as demandas, utiliza o referencial psicanalítico com muita propriedade e faz uma importante distinção (extremamente necessária, a meu ver) sobre a diferença entre "pensar psicanaliticamente" e "fazer psicanálise" no hospital geral. Muitas experiências que tentaram impor o modelo clínico tradicional e sua prática específica ao hospital geral se mostraram catastróficas, pois essas se apresentaram descontextualizadas e descontextualizantes, tanto para o paciente quanto para a família assistida, gerando ainda um alheamento do Psicólogo em relação aos demais colegas da equipe de saúde. Nesse sentido, Simonetti resgata o pensar psicanalítico e, com mestria, o engaja a rotina do psicólogo hospitalar.

Ao final da obra, traz para o leitor outra importante contribuição, com o Apêndice, que denominou "Mapa dos Remédios", onde apresenta uma visão introdutória à farmacologia e à psicofarmacologia, tão presente na rotina hospitalar, e mais uma vez de maneira clara e didática fornece informações e leituras significativas da importância dessas ferramentas terapêuticas do médico, que não podem passar despercebidas pelo psicólogo, seja pela influência direta que os fármacos exercem sobre os processos patológicos, seja por toda a carga simbólica que estes carregam em nossa cultura.

Considero a presente obra uma importante contribuição para a Psicologia Hospitalar, vindo somar significativos elementos à construção de nossa especialidade, que ainda tem um longo caminho a trilhar.

São Paulo, abril de 2004

Ricardo Werner Sebastiani
Coordenador da Seccional Brasil da Associação Latino-americana de Psicologia da Saúde

Introdução

Este livro é um mapa que visa orientar o psicólogo na cena hospitalar. Foi escrito em forma de manual e, nessa condição, apresenta as noções fundamentais de psicologia hospitalar, propõe um método de trabalho para o psicólogo e define seu objetivo que é, nem mais nem menos, o de ajudar o paciente a atravessar a experiência do adoecimento.

O ***Manual*** pretende ser útil tanto para o psicólogo que está iniciando sua caminhada neste novo campo profissional como para aquele que, embora já trabalhe em hospital há algum tempo, tenha o desejo de melhor sistematizar seus conhecimentos e sua experiência.

O livro se encontra dividido em duas partes: o DIAGNÓSTICO, que dá uma visão panorâmica do que esta acontecendo em torno da doença e da pessoa adoentada — ensina a olhar, por assim dizer — e a TERAPÊUTICA, que é a arte de fazer algo útil diante da pessoa adoentada, ou seja, o trabalho clínico propriamente dito, com suas estratégias e técnicas — ensinar a fazer, se se pode dizer assim.

A primeira parte, dedicada ao DIAGNÓSTICO, apresenta uma breve discussão sobre a importância do diagnostico em medicina e em psicologia. Longe de ser apenas um rótulo, o diagnóstico é uma espécie de "estrela-do-norte", aquela que orientava os antigos navegantes quando ainda não existia a bússola, sem o qual o psicólogo corre o risco de ficar perdido, sem rumo na imensidão do hospital. Em seguida vem uma abordagem dos quatro eixos que compõem o DIAGNÓSTICO: diagnóstico reacional, que estabelece o modo como a pessoa esta reagindo à doença; diagnóstico médico, um sumário de sua condição clínica; diagnóstico situacional, que é a análise das diversas áreas da vida do paciente; e por fim o diagnóstico transferencial, que estuda as relações que o sujeito estabelece a partir do adoecimento. Esses eixos são maneiras diferentes e complementares de abordar a doença e possuem a vantagem de identificar situações-alvo para a terapêutica, além de organizar o pensamento do psicólogo sobre o paciente. De cada eixo apresentamos uma clara definição conceitual, seus fundamentos teóricos e exemplos colhidos na prática clínica. Não inventamos esses eixos, que na verdade são criações de autores clássicos da psicologia e da psicanálise, o mérito do **Manual** residindo em organizá-los de forma que o psicólogo possa utilizá-los com facilidade.

A segunda parte, que trata da TERAPÊUTICA, busca responder a seguinte questão: o que faz um psicólogo no hospital? Demonstra que o psicólogo efetivamente faz alguma coisa, e que essa coisa é importante porque abre espaço para a subjetividade da pessoa adoentada, porque influi no curso da doença, porque modifica a vivência que o paciente, os médicos e a família têm da próprio doença, e mais: este trabalho que o psicólogo realiza diante da doença lhe é especifico, ou seja, além dele nenhum outro profissional da área da saúde foi treinado para isso.

Essa tal coisa que o psicólogo faz chama-se "tratamento psicológico", que, segundo Freud " é o cuidado que qualquer indivíduo presta a outro a partir de sua presença em pessoa".

Um apêndice, ao final do livro, trata da questão dos remédios em psicologia hospitalar: o que o psicólogo hospitalar precisa conhecer sobre remédios em geral, e o porquê. O remédio é um mundo. Saber caminhar nesse mundo, deixar de sentir-se "um estranho no ninho", aprender a perguntar e a ouvir sobre remédios, ter noção de onde buscar as informações quando delas precisar, poder acompanhar a fala do paciente quando ele se referir aos remédios, conhecer sumariamente os principais tipos de remédios, reconhecer a função dos remédios na subjetividade dos pacientes e desenvolver uma visão crítica do remédio como sintoma da modernidade são algumas competências de grande valia para o psicólogo no momento em que ele resolve praticar sua arte em um local em que o remédio é parte fundamental: o hospital.

O livro apresenta ainda, ao final de cada tópico, um quadro com um resumo das principais informações. Esse quadro permite que, em uma segunda leitura, o leitor possa consultar o tema que lhe interesse naquele momento de maneira mais rápida e objetiva

O que é a Psicologia Hospitalar?

Psicologia hospitalar é o campo de entendimento & tratamento dos aspectos psicológicos em torno do adoecimento. O adoecimento se dá quando o sujeito humano, carregado de subjetividade, esbarra em um "real", de natureza patológica, denominado "doença", presente em seu próprio corpo, produzindo uma infinidade de aspectos psicológicos que podem se evidenciar no paciente, na família, ou na equipe de profissionais. Trata-se de um conceito de psicologia hospitalar bastante amplo e que merece alguns comentários.

Ao apontar como objeto da psicologia hospitalar os aspectos psicológicos, e não as causas psicológicas, tal conceito se liberta da equivocada disputa sobre a causação psicogênica *versus* causação orgânica das doenças. A psicologia hospitalar não trata apenas das doenças com causas psíquicas, classicamente denominadas "psicossomáticas", mas sim dos aspectos psicológicos de toda e qualquer doença. Enfatizemos: toda doença apresenta aspectos psicológicos, toda doença encontra-se repleta de subjetividade, e por isso pode se beneficiar do trabalho da psicologia hospitalar.

Atualmente, tanto a medicina como a psicologia aceitam que a doença é um fenômeno bastante complexo, comportando várias dimensões: biológica, psicológica e cultural. Porém, quantificar e determinar exatamente qual a contribuição de cada uma destas dimensões é outra questão, que aliás não cabe à psicologia hospitalar responder, até porque isso não é possível com os conhecimentos científicos atuais. Além disso seria um erro estratégico grosseiro o psicólogo hospitalar perder-se nessa disputa. Situar as coisas em termos de causas psíquicas *versus* causas orgânicas é uma característica do pensamento médico, verdadeira armadilha epistemológica para o psicólogo, que não deve incorrer em tal erro, pois o psíquico também é orgânico e vice-versa (Moretto, 1983). A psicologia hospitalar enfatiza a parte psíquica, mas não diz que a outra parte não é importante, pelo contrário, perguntará sempre qual a reação psíquica diante dessa realidade orgânica, qual a posição do sujeito diante desse "real" da doença, e disso fará seu material de trabalho.

Aspecto psicológico é o nome que damos para as manifestações da subjetividade humana diante da doença, tais como sentimentos, desejos, a fala, os pensamentos e comportamentos, as fantasias e lembranças, as crenças, os sonhos, os conflitos, o estilo de vida e o estilo de adoecer. Esses aspectos estão por toda a parte, como uma atmosfera a envolver a doença, transmutando-a em adoecimento, e, dependendo do caso, podem aparecer como causa da doença, como desencadeador do processo patogênico, como agravante do quadro clínico, como fator de manutenção do adoecimento, ou ainda como conseqüência desse adoecimento, conforme ilustrado na figura abaixo.

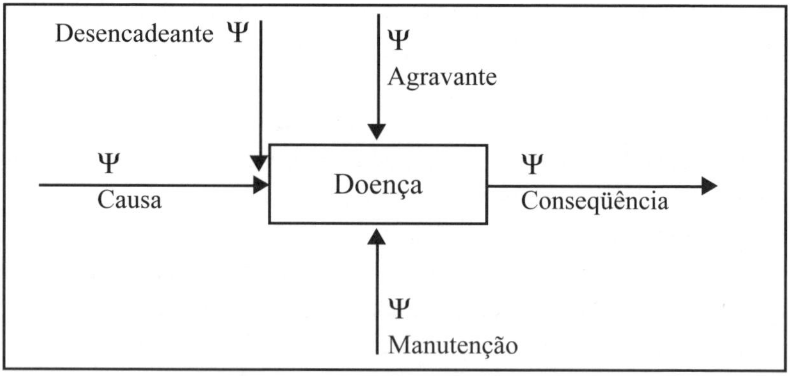

Figura 1: Aspectos psicológicos em torno da doença

A idéia de um aspecto psicológico atuando como causa de uma doença orgânica é o próprio campo da psicossomática, que tem demonstrado cabalmente a influência da mente sobre corpo, o que implica as emoções, os conflitos psíquicos e o estresse como responsáveis diretos pela etiopatogenia de diversas doenças, como a úlcera duodenal, a hipertensão, a artrite, a colite ulcerativa, o hipertireoidismo, a neurodermatite e a asma. Se por um lado a influência do psiquismo no somático é indiscutível, a ponto de existir atualmente a noção de que "toda doença é psicossomática " (Botega, 2001), por outro não é fácil demonstrar, de maneira inequívoca, que tal influência se dá precisamente como causa, e não como outra forma de influência.

Cabe notar aqui que a psicologia hospitalar e a psicossomática são campos conceituais que não se recobrem de forma completa; a primeira compartilha com a segunda o trabalho de identificar e tratar as causas psíquicas das doenças orgânicas, mas não faz disso o seu cerne nem a tal coisa se limita, aceitando como algo legítimo trabalhar com o aspecto psicológico em qualquer das formas que ele possa assumir: causa, conseqüência, ou outra qualquer. Ao que parece, a psicologia hospitalar, que nasceu da psicossomática e da psicanálise, vem atualmente ampliando seu campo conceitual e sua prática clínica, com isso criando uma identidade própria e diferente. Esse ponto é corroborado pelas pesquisas de muitos autores (Eksterman, 1992), (Moretto, 1983), (Angerami, 2000), (Sebastiani 1996), (Chiattone 2000).

Quando uma vivência psicológica, consciente ou não, reconhecida ou não pelo sujeito como ligada ao adoecimento, vem precipitar o início do processo patogênico, diz-se então que essa vivência foi um fator psicológico desencadeante que agiu sobre uma vulnerabilidade física preexistente. Muitas vezes, porém, a vivência psicológica nada tem que ver com o início da doença mas ajuda a piorar o quadro clínico já instalado, ou influi negativamente no tratamento, dificultando-o. Nesses casos pode-se dizer que tal vivência teria sido um fator psicológico agravante.

Uma situação de perdas, é como poderia ser definida a doença, afinal, perde-se a saúde, perde-se a autonomia, perde-se tempo e dinheiro, e muitas outras coisas, isso quando não se perde mesmo a própria vida. Tantas perdas, muitas delas reais e outras tantas imaginárias, abrem uma espécie de "caixa de Pandora" de conseqüências subjetivas para a pessoa adoentada. O ser humano comumente confere sentido a tudo o que ele vivencia, e com o adoecimento não é diferente. O conjunto de sentidos que o sujeito confere a sua doença constitui, como conseqüência, o campo dos aspectos psicológicos.

Entretanto, um olhar mais atento mostra que a doença não é feita só de perdas; também se ganha: ganha-se mais atenção e cuidados, ganha-se o direito de não trabalhar, ganha-se, se for o caso, autocomiseração e até uma desculpa genuína para explicar dificuldades existenciais, profissionais ou amorosas. Esses ganhos secundários da doença demonstram como aspectos psicológicos podem atuar como fatores de manutenção do adoecimento.

O foco da psicologia hospitalar é o aspecto psicológico em torno do adoecimento. Mas aspectos psicológicos não existem soltos no ar, e sim estão encarnados em pessoas; na pessoa do paciente, nas pessoas da família, e nas pessoas da equipe de profissionais. A psicologia hospitalar define como objeto de trabalho não só a dor do paciente, mas também a angústia declarada da família, a angústia disfarçada da equipe e a angústia geralmente negada dos médicos. Além de considerar essas pessoas individualmente a psicologia hospitalar também se ocupa das relações entre elas, constituindo-se em uma verdadeira psicologia de ligação, com a função de facilitar os relacionamentos entre pacientes, familiares e médicos.

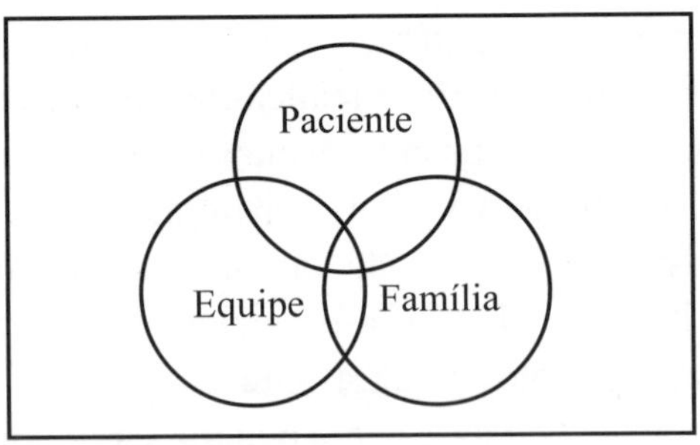

Figura 2: Focos da Psicologia Hospitalar

Vejamos um exemplo dessa função de ligação: imaginemos uma situação em que a doença se manifesta por meio de uma crise de dor muito intensa, e o paciente é então levado ao hospital. Nessa situação, os interesses imediatos de médicos, paciente e familiares não são os mesmos. O paciente que sente a dor quer se livrar dela o mais rápido possível: o seu interesse está no ***sintoma***. A família, angustiada com o sofrimento do paciente, quer se assegurar de que a doença não é tão grave e que ele vai ficar bom: seu foco de interesse está no ***prognóstico***. Já o médico está muito interessado em descobrir qual a causa da dor do paciente: ele quer descobrir o ***diagnóstico***, pois dele depende para instituir o melhor tratamento. O paciente quer se livrar do sintoma, a família quer saber do prognóstico, e o médico quer fazer o diagnóstico. Esse desencontro de objetivos geralmente precisa ser manejado, e a psicologia hospitalar está implicada nessa tarefa.

Qual o objetivo da Psicologia Hospitalar?

O objetivo da psicologia hospitalar é a subjetividade.

A doença é um real do corpo no qual o homem esbarra, e quando isso acontece toda a sua subjetividade é sacudida. É então que entra em cena o psicólogo hospitalar, que se oferece para escutar esse sujeito adoentado falar de si, da doença, da vida ou da morte, do que pensa, do que sente, do que teme, do que deseja, do que quiser falar. A psicologia está interessada mesmo em dar voz à subjetividade do paciente, restituindo-lhe o lugar de sujeito que a medicina lhe afasta (Moretto, 2001).

Uma característica importante da psicologia hospitalar é a de que ela não estabelece uma meta ideal para o paciente alcançar, mas simplesmente aciona um processo de elaboração simbólica do adoecimento. Ela se propõe a ajudar o paciente a fazer a travessia da experiência do adoecimento, mas não diz onde vai dar essa travessia, e não o diz porque não pode, não o diz porque não sabe. O destino do sintoma e do adoecimento depende de muitas variáveis; do real biológico, do inconsciente, das circunstâncias, etc. O psicólogo hospitalar participa dessa travessia como ouvinte privilegiado, não como guia.

O objetivo da psicologia hospitalar fundamenta-se em uma posição filosófica muito particular, que pode ser melhor compreendida se colocada em perspectiva com a posição filosófica que fundamenta a medicina. E quando se faz isso, a primeira coisa que salta aos olhos é o fato de a psicologia não ser medicina. É certo que, na cena hospitalar, medicina e psicologia se aproximam bastante, articulam-se, coexistem, tratam do mesmo paciente, mas não se confundem, já que possuem objetos, métodos, e propósitos bem distintos: a filosofia da medicina é curar doenças e salvar vidas, enquanto a filosofia da psicologia hospitalar é reposicionar o sujeito em relação a sua doença.

É muito importante notar, então, que a psicologia não está no hospital para melhorar o trabalho da medicina, mas está lá para fazer outra coisa. É certo que acaba mesmo ajudando o trabalho de cura da medicina, mas esse não é seu principal valor, sendo, na verdade, quase uma espécie de efeito colateral positivo (Moretto 2001). O valor principal da psicologia hospitalar é a subjetividade.

A psicologia hospitalar jamais poderia funcionar a partir de uma filosofia de cura, e isso em primeiro lugar porque se propõe a lidar com situações em que a cura já não é mais possível, como doenças crônicas e doenças terminais, e em segundo, porque como tecnologia de cura, no sentido médico de erradicação de doenças e eliminação de sintomas, a psicologia é bem pouco eficiente. O psicólogo pode fazer muito pouco em relação a doença em si, este é o trabalho do médico, mas pode fazer muito no âmbito da relação do paciente com seu sintoma: esse sim é um trabalho do psicólogo.

Quanto à cura, o que se pode dizer da filosofia da psicologia hospitalar é que se ela não se dá pela cura, também não se dá contra a cura. É outra coisa, uma filosofia do "além da cura". Mas o que existe para além da cura? Suprimidos os sintomas e eliminadas as causas das doenças, ainda permanecem a angústia, os traumas, as desilusões, os medos, as conseqüências reais e imaginárias, ou seja, as marcas da doença. Mesmo no trabalho bem sucedido de cura, muitas coisas ficam, resistem, tanto no curador como no doente. A psicologia hospitalar quer tratar dessas coisas, dessas marcas.

Há um aforismo hipocrático que diz o seguinte: "curar sempre que possível, aliviar quase sempre, consolar sempre". Se transmutarmos o "consolar" para "escutar", chegaremos a algo muito próximo da filosofia da psicologias hospitalar, que então pode ser definida como filosofia da escuta, em oposição à filosofia da cura da medicina. Mas escutar o quê? Não a doença da pessoa, que disso já cuida, e muito bem o faz a medicina, mas escutar a pessoa que está enredada no meio dessa doença, escutar a subjetividade, porque no fim das contas a cura não elimina a subjetividade, ou melhor, a subjetividade não tem cura.

Nesse terreno da subjetividade, a relação entre a psicologia e a medicina é de uma antinomia radical (Moreto2001), (Clavreul 1983). Enquanto a primeira faz da subjetividade o seu foco, a segunda, a medicina cientifica, exclui a subjetividade de seu campo epistêmico de uma forma sistemática, tendo mesmo como ideal uma suposta abordagem objetiva do adoecimento não enviesada por sentimentos e desejos. Acaba por excluir a subjetividade tanto do paciente como do médico. O problema dessa abordagem objetiva da medicina é que o excluído na teoria retorna, com toda a força, na prática da clínica médica, "onde assistimos, na relação concreta médico-paciente, uma verdadeira enxurrada de emoções, sentimentos, fantasias e desejos — de ambos — que, por não terem amparo teórico, são negados e escamoteadas, mas nem por isso deixam de influir" (Moretto, 2001).

Quando o discurso médico fracassa em sua pretensão epistemológica de banir a subjetividade, abrem-se então as portas do hospital para a psicologia entrar, adentrar e cuidar dessas tais coisas que subvertem a ordem médica, que criam confusão e perplexidade na cena hospitalar. A medicina quer esvaziar o paciente de sua subjetividade, e a psicologia se especializou em mergulhar nessa mesma subjetividade, acreditando que "mais fácil do que secar o mar, é aprender a navegar..." Que é exatamente isto, ou seja, reestabelecer as condições para a prática da medicina científica, o que a medicina espera da psicologia hospitalar, não resta dúvida. A questão é saber se essa é mesmo a melhor função da psicologia nessa empreitada hospitalar. Será o papel da psicologia hospitalar o de atuar como depositária de toda a subjetividade em torno do adoecimento, permitindo, com esse gesto, que a medicina continue a ignorar a subjetividade e a trabalhar com um corpo como se nele não estivesse embutido um sujeito? Ou caberia à psicologia hospitalar redirecionar, de forma cuidadosa e não acusativa, essa subjetividade de volta para a medicina, forçando-a a incluí-la em sua filosofia? Poderia a medicina ser também subjetiva e continuar biologicamente tão eficaz? São questões à espera de respostas.

Outro tópico interessante nessa comparação entre a medicina e a psicologia hospitalar é a questão do destino do sintoma, ou seja, o que cada uma faz com o sintoma do paciente. A medicina não tem dúvidas: quer eliminá-lo, destruí-lo, e tem mesmo de proceder assim — ou alguém defenderia posição contrária? Creio que não. Esta é a natureza da medicina: o tratamento e a cura. Já com a psicologia hospitalar as coisas se passam de forma diferente, ela não pode almejar a eliminação imediata do sintoma, já que pretende escutar o que ele tem a dizer. Sim, para a psicologia todo sintoma além de doer e fazer sofrer carrega em si uma dimensão de mensagem, comporta informações sobre a subjetividade do paciente, havendo mesmo a noção de que o sujeito fala por meio de seus sintomas, ou é falado por eles. E a psicologia escuta.

Como funciona a Psicologia Hospitalar?

É pelas palavras que o psicólogo faz o seu trabalho de tratar os aspectos psicológicos em torno do adoecimento. Para ilustrar essa estratégia, consideremos a seguinte situação: quando o psicólogo entra no quatro do paciente, o que ele faz? Nessa mesma situação, os outros profissionais de saúde sabem muito bem o que têm a fazer. O médico pergunta sobre os sintomas e examina o corpo do paciente, a enfermeira cuida do corpo do paciente e lhe administra remédios... Mas, e o psicólogo, o que faz exatamente? Se o médico trabalha com o corpo físico do paciente, o psicólogo trabalha com o corpo simbólico. Muito bem, mas onde está esse tal corpo simbólico? Se o corpo físico está sobre a cama, o corpo simbólico por acaso estaria embaixo dela? É evidente que não; mas então onde? Simples: está nas palavras e em nenhum outro lugar. Essa noção é fundamental para o psicólogo, ou seja, seu campo de trabalho são as palavras. Ele fala e escuta, oxalá mais a segunda que a primeira. Eis a estratégia da psicologia hospitalar: tratar do adoecimento no registro do simbólico porque no registro do real já o trata a medicina.

Mas é só isso que o psicólogo faz, só conversa? Sim, o psicólogo trabalha apenas com a palavra, mas ocorre que a conversa oferecida pelo psicólogo não é um "*só isso*"; pelo contrário: é um "*muito mais que isso*", aponta para um "*além disso*" embutido nas palavras, como ensina Freud quando afirma que a palavra é uma espécie de magia atenuada. Assim, o psicólogo não deve se constranger ante o comentário, tão freqüente no hospital, que é mais ou menos o seguinte: "ah, mas o psicólogo só conversa..." Deve mesmo se orgulhar disso, porque nenhum outro membro da equipe tem treinamento para trabalhar no campo das palavras, que é exatamente onde o psicólogo é o especialista.

Mesmo naqueles casos em que o paciente encontra-se impossibilitado de falar por razões orgânicas ou não, tais como inconsciência, sedação por medicação, lesões na região oral, ou pura resistência, ainda assim essa orientação do trabalho pela palavra é válida, já que existem muitos signos não-verbais com valor de palavra, como gestos, olhares, a escrita e mesmo o silêncio. E quem não fala é falado.

Psicólogo e paciente conversam, e essa tal conversa é a porta de entrada para um mundo de significados e sentidos. O que interessa à psicologia hospitalar não é a doença em si, mas a relação que o doente tem com o seu sintoma ou, em outras palavras, o que nos interessa primordialmente é o destino do sintoma, o que o paciente faz com sua doença, o significado que lhe confere, e a isso só chegamos pela linguagem, pela palavra.

O que diferencia o ser humano dos outros animais não é o biológico, o corpo físico, e sim a linguagem, mais precisamente a palavra, o corpo simbólico. A biologia de um homem e a de um macaco, ou mesmo a de um porco, é essencialmente a mesma (proteínas, carboidratos, gorduras, células, cromossomos, DNA, órgãos, sangue, sistema nervoso, etc.), mas a linguagem não: eles possuem linguagens radicalmente diferentes. O que caracteriza o ser humano é a palavra. Dessa maneira, o psicólogo trabalha com o que é mais específico no ser humano, ou seja a linguagem, a palavra, a conversa. O psicólogo é o especialista nessa arte da conversa, é esse o seu ofício, para o qual foi treinado durante muitas e muitas horas de cursos, análise pessoal e supervisão.

A conversa que o psicólogo proporciona ao paciente não é uma conversa comum. Por exemplo, ela é assimétrica: um dos participantes fala mais do que o outro, e é exatamente o silêncio desse outro que dá peso, conseqüência e significado à palavra do primeiro. E é bom que seja assim, pois no hospital há muita gente querendo dizer para o paciente o que ele tem de fazer, querendo dar conselhos, estimulando, mas não há ninguém, além do psicólogo, querendo escutar o que ele tem a dizer. Ocorre que é mesmo muito angustiante ouvir o que uma pessoa doente tem a dizer; são temores, dores, revoltas, fantasias, expectativas que mobilizam muitas emoções no ouvinte. E é aí que entra a especificidade do psicólogo: nenhum outro profissional foi treinado para escutar como ele.

Ao escutar, o psicólogo "sustenta" a angústia do paciente o tempo suficiente para que ele, o paciente, possa submetê-la ao trabalho de elaboração simbólica. A maioria dos outros profissionais, bem como a família e os amigos, por não suportarem ver o paciente angustiado, não conseguem lhe prestar esse serviço e querem logo apagar, negar, destruir, ou mesmo encobrir a angústia. Mas angústia não se resolve, se dissolve, em palavras. O psicólogo mantêm a angústia do paciente na sua frente para que ele possa falar dela, simbolizá-la, dissolvê-la.

Para concretizar a sua estratégia de trabalhar o adoecimento no registro do simbólico, a psicologia hospitalar se vale de duas técnicas: ***escuta analítica*** e ***manejo situacional***. A primeira reúne as intervenções básicas da psicologia clínica, tais como escuta, associação livre, interpretação, análise da transferência, etc. Essas intervenções são familiares para o psicólogo, a novidade é o *setting* inusitado em que elas se dão — o hospital.

Já a segunda técnica, que é o manejo situacional, engloba intervenções direcionadas à situação concreta que se forma em torno do adoecimento. Eis alguns exemplos dessas intervenções: controle situacional, gerenciamento de mudanças, análise institucional, mediação de conflitos, psicologia de ligação, etc. Todas essas ações são específicas à psicologia hospitalar, ou seja, geralmente o psicólogo não faz nada disso em seu consultório, mas no hospital é preciso sair um pouco da posição de neutralidade e passividade características da psicologia clínica.

Essa passagem do consultório para a realidade institucional do hospital é o grande desafio técnico da psicologia hospitalar. "As experiências malsucedidas em psicologia hospitalar parecem se caracterizar pela inadequação do psicólogo ao tentar transpor para o hospital o modelo clínico tradicional aprendido, o que determina um desastroso exercício, pelo distanciamento da realidade institucional e pela inadequação da assistência, pelo exercício de poder, mascarado, quase sempre, por um insistente falso saber" (Chiatone 2000).

O paradigma

A psicologia hospitalar vem se desenvolvendo no âmbito de um novo paradigma epistemológico que busca uma visão mais ampla do ser humano e privilegia a articulação entre diferentes formas de conhecimento. A conseqüência clínica mais importante dessa visão é a de que "em vez de doenças existem doentes" (Perestrello, 1989).

É claro que todo conhecimento é parcial e que jamais será possível se alcançar a verdade total de objeto algum, havendo sempre um resto que não se deixa apreender. Entretanto, se não é possível conhecer o todo da doença, ou do doente, já será de grande utilidade conhecer muitas de suas dimensões: se não o todo, ao menos o plural. Ninguém consegue entrar em um prédio por todas as portas ao mesmo tempo, mas ao entrar por uma delas é perfeitamente exeqüível perceber, ou imaginar a existência de muitas outras. A ação haverá sempre de ser local, enquanto a visão, não, esta sim pode ser global, apontando para um "todo" que jamais será alcançado mas que pode servir de meta para um trabalho mais produtivo.

Mas será mesmo necessário olhar a doença com toda essa amplitude que o paradigma holístico propõe? A julgar pela demanda que a nossa sociedade direciona à medicina, podemos afirmar categoricamente que sim. Hoje em dia, o que mais se espera da medicina e da ciência não é o desenvolvimento tecnológico, pois nesse campo, felizmente, já estamos bem avançados. O que mais se quer é uma humanização da medicina, e do que mais se fala é da relação médico-paciente, da bioética, do barateamento dos custos, do acesso à saúde para todos, etc. E tudo isso só será possível se escaparmos do cientificismo duro e conseguirmos criar conexões produtivas entre a ciência e outros campos do saber, como a psicologia, a espiritualidade, a política e a cultura em geral.

Evidentemente, o aspecto psicológico não ocorre isoladamente, mas se dá em uma determinada cultura, e cada cultura tem seus determinantes sobre a doença, tais como usos e costumes, mitos, folclores, condições econômicas, representações artísticas, etc. Convêm que o psicólogo hospitalar tenha algum conhecimento desse material em sua cultura, e em outras também, pois isso enriquece seu arsenal terapêutico com analogias, referências e idéias para "conversar" com o paciente sobre sua doença. Além dessa dimensão cultural genérica, é importante mencionar a dimensão espiritual. A fé de uma pessoa tanto pode ser um recurso terapêutico como um empecilho para a vivência da doença. A psicologia hospitalar também precisa levar em conta esse fator em sua equação do adoecimento.

As fontes

O ***Manual*** sintetiza conhecimentos oriundos de três fontes principais: a psiquiatria, a psicanálise e a psicologia hospitalar. A psiquiatria contribui com o modelo de diagnóstico multiaxial, com as noções de psicopatologia e com o ideal de clareza e objetividade na linguagem. Da psicanálise, de longe nossa mais importante influência, adotamos a filosofia, a estratégia e a técnica. Uma filosofia que transfere o foco da "doença" para o " sujeito", com suas formas conscientes e inconscientes de lidar com o adoecimento; uma estratégia que orienta todo o trabalho para a palavra; e uma técnica que, embora modificada, afinal divã e leito não são a mesma coisa, mantêm o fundamental da psicanálise: fazer falar e escutar.

Da psicologia hospitalar, ou mais exatamente, de nossa vivência no ambiente hospitalar tratando pacientes, recolhemos os casos clínicos e as histórias que no ***Manual*** surgem como exemplos e como dicas práticas para as situações mais comumente vivenciadas pelo psicólogo na cena hospitalar. Esses exemplos foram ligeiramente modificados para preservar a identidade dos pacientes. Todo o material contido no ***Manual*** foi exaustivamente testado na condição de método de trabalho para o psicólogo hospitalar nos cursos de psicologia hospitalar que ministramos semestralmente no NEPPHO – Núcleo de Estudos e Pesquisas em Psicologia Hospitalar, como coordenador; e na PUC-SP, como professor convidado.

O valor do ***Manual*** reside no potencial de gerar estratégias terapêuticas úteis e jamais em uma presumível capacidade de alcançar a verdade da doença. Acompanhando a ética da psicanálise, acreditamos que a verdade última sobre as coisas não pode ser alcançada e que delas, das coisas, podemos ter apenas um saber. O ***Manual*** almeja ser um saber sobre a doença e não uma verdade sobre a doença; um saber que seja útil na clínica, útil no contato com os pacientes e com suas angústias.

E por falar em clínica, vejamos um pouco da sua história...

Na Grécia antiga havia dois tipos de médicos, os que cuidavam dos cidadãos gregos e os que cuidavam dos escravos. Como os escravos eram oriundos de outras nações e não falavam o idioma grego, os médicos que deles cuidavam foram perdendo o hábito de conversar com esses pacientes. Não adiantaria mesmo, e, não sendo possível a comunicação, apenas os examinavam e medicavam. Já os médicos que cuidavam de seus compatriotas gregos, costumavam conversar muito com eles, e, como para conversar com pessoas doentes é preciso se inclinar um pouco sobre o leito, eles começaram a ser conhecidos como os médicos que se inclinavam, do grego *inclinare*, e disso nasceu o termo atual "clínica". O psicólogo hospitalar é um clínico.

Psicologia Hospitalar

Definição:

A psicologia hospitalar é o campo de entendimento e tratamento dos aspectos psicológicos em torno do adoecimento.

Objetivos:

O objetivo da psicologia hospitalar é a subjetividade.
O objetivo da psicologia hospitalar é ajudar o sujeito a fazer a travessia da experiência do adoecimento.

Filosofia:

A filosofia da psicologia hospitalar é curar sempre que possível, aliviar quase sempre, escutar sempre.
A filosofia da medicina é a cura; a da psicologia hospitalar, além-da-cura.

Estratégia:

A estratégia da psicologia hospitalar é tratar do adoecimento no registro do simbólico.
É pela palavra que o psicólogo realiza seu trabalho.

Técnica:

Escuta analítica e manejo situacional.

Paradigma:

O ser humano como um todo... Se não o todo, ao menos o plural.
"Não existem doenças, existem doentes." (Perestrello).

Quadro 1: Aspectos Conceituais da Psicologia Hospitalar

Primeira Parte

Diagnóstico

O diagnóstico

Olhos para ver além do biológico

Diagnosticar é o instante de ver, seguido pelo tempo de entender que leva ao momento de intervir, não necessariamente nessa ordem, mas necessariamente interligados. A principal razão pela qual os diagnósticos são feitos é eles facilitarem o tratamento, de modo que diante de um diagnóstico bem feito a melhor estratégia terapêutica se evidencie, naturalmente, na mente do psicólogo bem treinado. As outras razões são a pesquisa científica e a comunicação entre os profissionais.

Em medicina, diagnóstico é o conhecimento da doença por meio de seus sintomas, enquanto na psicologia hospitalar o diagnóstico é o conhecimento da situação existencial e subjetiva da pessoa adoentada em sua relação com a doença. Sendo assim, na psicologia hospitalar não diagnosticamos doenças, mas o que acontece com as pessoas relativamente à doença e ele, o nosso diagnóstico, não é expresso em termos de nomes de doenças, mas sim por uma descrição abrangente dos processos que influenciam e são influenciados pela doença. Não oferecemos rótulos, e sim uma visão panorâmica.

O paciente apresenta para o psicólogo um mundo de informações: queixas, relatos, problemas, sintomas, emoções, atuações, defesas, sua história de vida, seus projetos, desesperanças, dores físicas e psíquicas, etc. Em meio a isso tudo, o que deve ser trabalhado? O diagnóstico é a maneira de organizar todo esse material, o modo de construir um mapa para depois analisá-lo e decidir o melhor caminho a seguir. É claro que sempre é possível seguir sem o mapa, mas isso já é bem mais complicado. O psicólogo "não dirige a vida do paciente, mas dirige o tratamento" (Lacan, 1966), e com um mapa fica bem mais fácil direcionar as intervenções terapêuticas. O diagnóstico é a modo que o psicólogo dispõe para melhor organizar o seu pensamento.

O diagnóstico é uma hipótese de trabalho, não uma verdade absoluta. Hipótese é uma teoria sobre alguma coisa que nos permite intervir sobre tal coisa, e se a intervenção guiada por essa hipótese gerar a mudança esperada, então ela é uma ótima hipótese, caso contrário, não o é (Nóbrega, 1996). Isso nada tem que ver com alguma verdade essencial da coisa, e aliás a verdade não interessa, ou melhor: como não é possível alcançarmos a verdade absoluta sobre as coisas, ela não deve ser o objetivo primário. Não é preciso descobrir qual "a verdade" de uma doença para que possamos ajudar um paciente a enfrentá-la. Basta descobrir a verdade do paciente sobre essa doença, isso sim é essencial. O psicólogo trabalha com o sentido das coisas, não com a verdade das coisas. A medicina também trabalha com essa filosofia pragmática pois são inúmeras as doenças de que não consegue descobrir a causa, mas consegue curar. Se uma hipótese não se mostra útil, ela pode ser modificada; já as verdades tendem a se transformar em rótulos definitivos.

Todo trabalho pode ser feito de duas maneiras diferentes: intuitivamente ou de maneira metódica. A intuição se dá quando fazemos uma coisa sem saber claramente como fizemos tal coisa. Baseia-se no talento, numa disposição natural. Já o método se refere a uma seqüência de ações que conseguimos explicar racionalmente. Para trabalhar em psicologia hospitalar é preciso um mínimo de talento, de intuição, de jeito, mas isso não basta: há que se buscar o entendimento racional do processo de adoecimento e o planejamento consciente das ações terapêuticas. Aliás, é exatamente isso o que diferencia o psicólogo hospitalar de outros profissionais que também cuidam psicologicamente de pessoas adoentadas, como religiosos e voluntários. Sim, porque vontade de ajudar, carinho pelos pacientes, disposição para sentar-se calmamente a seu lado e ouvi-los, bem, isso é algo que todos esses profissionais têm de ter, psicólogos e voluntários, mas o psicólogo pode e deve ter um conhecimento mais metodológico dos processos psíquicos envolvidos no adoecer.

Os voluntários e os religiosos atuam a partir do amor e da fé, e nisso são insuperáveis. Já os psicólogos atuam a partir do amor e do saber, e isso lhe é específico. Na verdade, se for para "dar um força", dar conselhos, estimular a fé, melhor é chamar algum dentre esses voluntários do que um psicólogo. Essas pessoas em geral possuem mais experiência de vida e mais fé. Se o psicólogo quer ter um lugar no hospital, precisa acrescentar ao seu amor um método racional de trabalho. Sem amor não há como trabalhar em psicologia hospitalar, mas só com amor também não é possível. O amor e a razão são como as duas asas de um pássaro: necessárias.

O diagnóstico em psicologia hospitalar nada tem que ver com o psicodiagnóstico, velho conhecido dos psicólogos, que é um procedimento estruturado por meio de testes psicológicos que visam a determinar a posição do sujeito em determinas escalas de inteligência ou em outra função psíquica. Já o diagnóstico em psicologia hospitalar não se vale de testes. Seu instrumento é o olho clínico do psicólogo, e ademais não se estabelece uma escala quantitativa para comparações. Atualmente, o psicodiagnóstico não tem aplicação em psicologia hospitalar.

Na década de 1960, o diagnóstico como categoria científica foi bastante questionado na comunidade dos psicólogos. Era tido apenas como rótulo e instrumento de discriminação dos pacientes, em especial na área da saúde mental. O uso perverso de diagnósticos psiquiátricos por regimes políticos totalitários, como o da antiga União Soviética, a ambigüidade dos diagnósticos da psiquiatria clássica, com suas incontáveis e confusas classificações nosológicas, além do costume popular de transformar diagnóstico em xingamento, como, por exemplo "sua histérica!", justificavam essas críticas.

Entretanto, nos últimos anos houve uma retomada na importância do diagnóstico, motivada pela medicina baseada em evidências, movimento científico que demanda uma linguagem objetiva para a comunicação entre os pesquisadores, pela tentativa da psiquiatria em criar um sistema classificatório operacional de alta confiabilidade (CID-1O E DSM IV) e pela insistência da psicanálise lacaniana em situar o diagnóstico estrutural como passo fundamental da clínica, criando o conceito de direção de cura (Leite, 2000). É na esteira dessa revalorização clínica e científica do diagnóstico que a psicologia hospitalar quer se inserir.

A separação entre diagnóstico e terapêutica é meramente didática, porque na prática o próprio ato de colher dados de um paciente visando à formulação de um diagnóstico jamais deixa de ser também uma intervenção com efeitos terapêuticos. O diagnóstico já é um tratamento, sempre. Vejamos dois exemplos, um na medicina e outro na psicologia hospitalar.

O médico, quando se debruça sobre o paciente, posicionando o estetoscópio sobre o seu peito em busca de informações sobre o funcionamento do coração, já esta passando ao paciente a sensação de que é cuidado, tratado mesmo, e isso faz com que esse último se sinta melhor. Há mesmo quem veja neste gesto a recriação simbólica de um cordão umbilical ligando médico e paciente, com tudo de nutritivo que isso possa ter. Quando um psicólogo entrevista um paciente pela primeira vez, procurando diagnosticar sua forma de reação à doença, ao mesmo tempo já está oferecendo ao paciente uma escuta que permite ao paciente elaborar sua doença por meio da fala, o que por si só produz efeitos terapêuticos. Não existe um ato que seja exclusivamente diagnóstico, e todo encontro comporta possibilidades terapêuticas.

O ***Manual*** propõe um diagnóstico a partir de quatro eixos: *reacional* – o modo como a pessoa reage à doença; *médico* – a sua condição médica; *situacional* – análise das diversas áreas da vida do paciente; e *transferencial* – análise de suas relações. Esses eixos encontram-se esquematizados no quadro abaixo. São maneiras diferentes e complementares de abordar o adoecimento, e possuem a vantagem de identificar as situações-alvo para a abordagem terapêutica, além de organizar, na mente do psicólogo, o material clínico fornecido pelo paciente.

DIAGNÓSTICO:
Eixo I — Reacional
Eixo II — Médico
Eixo III — Situacional
Eixo IV — Transferencial

Quadro 2: Diagnóstico Multiaxial

Eixo I — Diagnóstico Reacional

Adoecer é como entrar em órbita. A doença é um evento que se instala de forma tão central na vida da pessoa, que tudo o mais perde importância ou então passa a girar em torno dela, numa espécie de órbita que apresenta quatro posições principais: negação, revolta, depressão e enfrentamento (figura 3, abaixo).

Habitualmente, a pessoa entra na órbita da doença pela negação, depois se revolta, algum tempo depois entra em depressão e, por último, não sem algum esforço e trabalho pessoal, alcança a possibilidade de enfrentamento real. Essa ordem não é fixa, e qualquer combinação é passível de ser encontrada na prática, de modo que depois de entrar na órbita a pessoa pode mudar de posição, vindo a ocupar qualquer uma delas. Há ainda a possibilidade de o paciente se fixar em uma posição intermediária entre as quatro fundamentais, e nesse caso ao fazer o diagnóstico marcamos algum ponto, na órbita, entre as duas posições principais.

Outro aspecto interessante está em perceber que a posição pode variar de um dia para o outro, e por isso não convém aceitar como definitiva a posição identificada, que é mutável. Aliás, "órbita" significa "movimento em torno de".

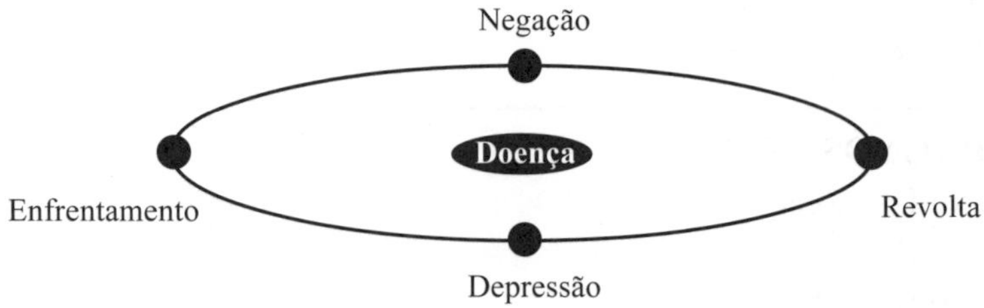

Figura 3: Órbita em torno da doença

Essas posições não são especificas para a doença e constituem-se, isto sim, nas maneiras que os humanos dispõe para enfrentar crises, receber notícias ruins, lidar com mudanças, encarar a morte e, também, reagir a doenças. Segundo Lacan, acontecimentos como esses, que desorganizam a vida do sujeito, deveriam mesmo ser chamados de "encontro com o real", com o que não tem nome e portanto causa angústia, com o que posiciona, como um susto, a questão: o que é isto? (Moretto, 2000).

O diagnóstico reacional baseia-se no trabalho da psiquiatra norte-americana Elisabeth Kubler-Ross (1989), que se dedicou ao estudo de pacientes terminais, investigando o modo como eles lidavam com a proximidade da morte. O resultado de suas pesquisas com mais de duas centenas de pacientes encontra-se relatado em seu livro *Sobre a morte e o morrer*, publicado em fins da década de 1960. Ela resume da seguinte forma os estágios pelos quais os pacientes passavam: "Todos os nossos pacientes reagiram quase do mesmo modo com relação às más notícias (o que é típico não só em casos de doença fatal, mas parece ser uma reação humana a pressões fortes e inesperadas), isto é, com choque e descrença. Muitos de nossos pacientes fizeram uso da negação, que podia durar de alguns segundos até muitos meses. Essa negação nunca é uma negação total. Depois dela predominava a raiva e a revolta, manifestadas dos modos mais diversos, como uma inveja dos que podiam viver e agir. Quando os circunstantes conseguiam suportar essa raiva sem assumi-la pessoalmente, ajudavam o paciente a alcançar o estágio temporário da barganha, seguido pela depressão, que era o trampolim para a aceitação final."

Posição negação

Geralmente a primeira reação de uma pessoa diante da doença é de choque, seguido de descrença, manifestada em frases do tipo "não é possível", "isso não está acontecendo comigo", "deve ser engano". Na maioria das vezes o nosso encontro com a doença é mais parecido com um tropeço inesperado, e que nos desconcerta, do que com uma entrevista marcada com antecedência e para a qual podemos nos preparar com vagar. Esse "tropeço" no real faz com que nos defrontemos com uma realidade cruel e absurda. Absurda no sentido da impossibilidade de representação psíquica da própria morte. Segundo Freud, o inconsciente não é capaz de representar psiquicamente a morte própria: "...a morte é sempre a morte de um outro". Certa vez um paciente, tentando me explicar porque não queria se submeter a uma cirurgia, disse o seguinte: "O meu medo é acordar morto da anestesia". Morre, mas acorda, coisa de vivo. No inconsciente não existe a morte de si mesmo.

Para muitas pessoas, a única possibilidade imediata diante da doença é a negação. Quando alguém nega a doença, não o está fazendo de caso pensado, propositadamente, e muito menos para irritar a equipe médica ou os familiares. O paciente o faz porque naquele instante é o que ele pode fazer. Talvez logo adiante possa assumir outra posição diante da doença, mas por ora a negação é a arma que ele tem. Com isso queremos dizer que a negação deve ser respeitada, e não confrontada a qualquer custo nem a qualquer hora.

A negação pode assumir muitas formas, e uma delas consiste em enxergar a doença no "outro". É interessante notar que a projeção não é exclusividade dos pacientes, havendo mesmo quem defenda a idéia de que os profissionais de saúde escolhem essa profissão como forma de projeção. Seria algo mais ou menos assim: quem sabe se enfrentando a doença no outro posso evitar encontrá-la em mim mesmo.

Na posição de negação a pessoa pode agir como se a doença simplesmente não existisse, ou então minimiza sua gravidade e adia as providências e cuidados necessários. É o famoso "empurrar com a barriga", deixando para amanhã a consulta com o médico, a realização de determinado exame, o início de um tratamento, etc.

O pensamento na negação é o do tipo onipotente: "sei o que estou fazendo", "sempre deu certo, e por isso não é agora que vai dar errado", "no fim tudo dá certo". O pensamento onipotente caracteriza-se pelo reconhecimento das capacidades e pela negação das incapacidades, geralmente repetindo um padrão infantil em que a pessoa pensa que está acima das desgraças da vida — aqui, no caso, das doenças. Algumas pessoas pensam que não precisam se proteger, já que nunca serão contagiadas mesmo.

As soluções tentadas na negação tem um quê de mágica. A pessoa espera que algo divino, que ela nem sabe o que é, aconteça e resolva o problema, como, por exemplo, curar um câncer sem fazer o tratamento médico, ou então que uma nova descoberta científica traga a cura para a sua doença, ou simplesmente que o fato de ela não pensar na doença possa fazer com que esta desapareça.

Apesar de todas as dificuldades originadas pela doença, a pessoa, na posição negação, pode apresentar como emoção predominante uma certa alegria que para um observador geralmente parece falsa — se é que existe tal coisa. Trata-se da alegria e entusiasmo que não contagiam quem está próximo e, ao contrário, podem até despertar uma reação de irritação. Por trás dessa alegria é muito comum encontrarmos um medo da doença e da morte (Kertész, 1977).

É interessante notar o que se passa no dia-a-dia de uma pessoa que nega a sua doença. Geralmente ela se sente irritada e angustiada. A irritação é o resultado de uma raiva reprimida que se espalha difusamente, sem alvo especifico. Analogamente, a angústia é um medo sem objeto. Quando temos medo temos medo de alguma coisa, mas quando estamos angustiados não sabemos dizer o que nos angustia. Na negação, o medo da doença encontra-se reprimido, e o que surge é uma angústia vaga, indefinida e flutuante.

No caso de alguma doença com muita visibilidade, como doenças de pele ou doenças deformantes, a única possibilidade de negação é o isolamento social, e nesse caso a pessoa passa a ter dois problemas: a doença e uma certa solidão.

Alguns pacientes recorrem ao sono como mecanismo de negação. Em pacientes graves, sob efeito de muitos remédios, pode ser difícil distinguir esse sono de fuga do sono provocado pela sedação medicamentosa.

A negação não deixa de ter um certo componente de teimosia, de insistência em manter inalterado o estado de coisas. Nela a pessoa não consegue relaxar, pois do contrário os sinais da doença se evidenciam, e por isso há muita tensão acumulada na negação.

Muitos pacientes não negam a doença para si, mas podem esconder sua existência das pessoas mais queridas e próximas, numa tentativa de protegê-las. “Ela não vai agüentar saber que estou com câncer”. Outras vezes a negação da doença é por vergonha, como no caso das doenças sexualmente transmissíveis ou outras doenças socialmente estigmatizadas. Esses casos, em que a pessoa reconhece sua doença, mas não conta para os outros, não são uma negação verdadeira, mas podem roubar do paciente a chance de conversar sobre sua doença, o que gera solidão e angústia.

A negação também pode ocorrer da parte dos familiares e médicos em relação ao paciente. São as situações em que se questiona se é melhor contar ou não contar para o paciente sobre seu diagnóstico ou prognóstico. Trataremos dessa questão mais adiante, na segunda parte do livro, mas podemos adiantar que a questão se encontra mal colocada, já que o verdadeiro problema está em como contar e não em contar ou não contar.

Algumas palavras em medicina tornam-se tão carregadas de significados negativos que são elas mesmas alvo de negação, e não a doença. Certa vez um paciente dizia para seu filho, que era médico: “se for aquela doença, eu não quero saber”. É uma dupla negação, da doença e da palavra. Nesse caso, "aquela doença", era o câncer, que, para muita gente, é uma palavra proibida e traz mau agouro. Existem outras, mas "câncer" é a campeã. A psicologia hospitalar trabalha muito com as palavras, e por isso é evidente a importância dessa questão das palavras proibidas para o psicólogo hospitalar.

Negação é diferente de desconhecimento. Se um paciente não se dá conta da gravidade de seu estado, devido, por exemplo, a um linguajar excessivamente técnico usado pela equipe médica, isso não quer dizer que ele esteja na posição negação. Simplesmente não conhece aqueles termos. Certa vez um médico, tendo a espinhosa tarefa de comunicar o falecimento de um paciente aos familiares, disse que apesar de todos os esforços o paciente tinha ido a óbito, ao que o familiar replicou: "Óbito? Mas isso é grave doutor?" Nesses casos, o médico pode estar se protegendo da angústia desses momentos por meio de um mecanismo linguageiro, ou simplesmente não se deu conta do problema da linguagem numa sociedade com diferentes níveis culturais.

A negação não tem que ver com inteligência, cultura, nível intelectual ou social, pois pessoas de todos os níveis sociais e econômicos podem vir a negar sua doença. O que varia é a forma. A negação não se dá por falta de informação, e sim por falta de condições psicológicas, falta essa que não deve ser entendida como defeito, e sim como característica naquele dado momento. A racionalização, por exemplo, é uma maneira culta e elaborada, geralmente usada por pessoas informadas e inteligentes para negar a doença usando a informação para segurar a emoção diante da doença.

A medicina atual, com sua ênfase na tecnologia em detrimento das relações humanas, também não deixa de ser um viés de negação da angústia envolvida na doença. Aos profissionais da área de saúde resta sempre a teoria, a ciência e a técnica como formas privilegiadas, e culturalmente reforçadas, de se resguardar da avalanche de subjetividade que brota do adoecimento.

UMA HISTÓRIA DE NEGAÇÃO

Havia na Índia, há muitos séculos, um homem muito rico e bondoso. Quando nasceu seu primogênito, ele decidiu que aquela criança, tão desejada e tão amada, não haveria de conhecer nem a dor nem a tristeza em sua vida. Com esse intuito, mandou construir um imenso palácio, luxuoso e belo, cercado de enormes muros que o isolavam do mundo lá fora e de todas as sua misérias, tais como a fome, a pobreza, a doença, a velhice e a morte. Todos os empregados do palácio eram jovens, bonitos e saudáveis. E assim o menino foi criado, poupado de todas as agruras do mundo, e até mesmo as palavras que designavam tais desgraças eram proibidas no palácio. O menino parecia feliz em seu paraíso terreno.

Ninguém sabe explicar a razão, mas ao completar 19 anos o rapaz começou a sentir uma inquietação interior. Parecia que faltava algo — mas o quê? Ele tinha tudo o que desejava. De repente lhe ocorreu a fatídica curiosidade de conhecer o que havia para além dos muros. Quando conseguiu fugir do palácio e saiu perambulando pelas ruas do mundo, ficou chocado. O que era aquilo tudo que via e que nem sabia o nome, mas intuía a dor? Era a doença, a velhice, a pobreza e a morte... Veio-lhe uma grande tristeza misturada à revolta contra a vida, que permitia a existência de coisas tão feias. Passada a fase da tristeza e da revolta, comunicou ao pai que renunciaria a toda a sua riqueza e partiria para o mundo em busca de uma solução para o sofrimento humano, mas uma solução que não fosse a de se esconder em seu lindo palácio. E assim fez... Essa é exatamente a história do príncipe Sidarta, posteriormente conhecido como Buda. Nascia aí o budismo...

Essa bela história sobre a origem de Buda ilustra a posição negação, mas também aponta a passagem pelo processo de revolta, depressão e enfrentamento. Mostra que a negação jamais é total ou permanente. Há sempre uma brecha pela qual se vislumbra o real insuportável, e embora possa durar de alguns segundos até anos, há sempre a possibilidade de uma reviravolta. Foi o que se deu com Sidarta.

POSIÇÃO NEGAÇÃO	
Tipo de solução	Mágica
Emoção predominante	Alegria
Emoção evitada	Medo
Pensamento	Onipotência
Comportamento	Adiar – procrastinação
Estado de ânimo	Irritado e angustiado
O sujeito	Insiste
Mecanismo	Projeção
Forma de passividade	Não há o problema
Esperança	Exagerada
Personagem	Sidarta
Frases	Não é possivel No fim tudo dá certo Bobagem, comigo isso nunca acontece Eu sei o que estou fazendo Não, isso não pode estar acontecendo

Quadro 3: Principais características da posição negação

Posição revolta

Aqui a pessoa "cai na real", enxerga a doença e enche-se de uma revolta que pode ser dirigida para qualquer lado: contra a doença, contra o médico que a comunica, contra a equipe de enfermagem, contra si mesmo, contra a família, contra o mundo ou contra quem aparecer por perto. Virtualmente, qualquer um pode ser alvo da raiva que caracteriza a revolta.

Se na negação a frase característica era do tipo "isso não acontece comigo", na revolta o que se exclama é "sim, é comigo, e não é justo".

A revolta geralmente se inicia como frustração, e é fácil observar que uma pessoa frustrada primeiramente se irrita para depois se deprimir. Parece quase uma seqüência natural: frustração-irritação-depressão. A doença é um evento com alto poder de frustração. Em primeiro lugar, frustra o princípio do prazer, pelo qual funciona nosso incon sciente, ao introduzir a dor e o desprazer. Frustra também nossa onipotência infantil, na qual a vida acontece segundo nosso desejo. Nesse sentido, a doença é mais uma força de castração a que o ser humano é submetido em sua jornada. Também no sentido prático a doença é muito frustrante. Ela frustra nossa liberdade e nossa rotina.

Quando uma pessoa adoece, ela perde a liberdade, não pode mais fazer o que quer, tem de fazer algo em relação à doença, como, por exemplo, gastar seu tempo procurando tratamento, ou então mudar hábitos de vida, e todos sabemos como é irritante mudar nossos hábitos. Conforme a gravidade da doença, ela frustra também o nosso futuro, e não só por meio da morte, que põe fim a qualquer futuro, mas também pelas limitações em vida que a doença acarreta. Estamos falando dos sonhos profissionais e pessoais que uma doença pode comprometer, seja por incapacidade física ou por consumir o tempo e o dinheiro que estavam destinados a coisas mais interessantes. Outro aspecto particularmente irritante é a perda de autonomia, provocada por algumas doenças. A pessoa já não guia sua vida, há muitas pessoas dizendo o que ela deve fazer, isso quando não passa a depender concretamente de outras pessoas para coisas básicas como andar, comer, fazer sua higiene pessoal, etc.

A nossa cultura valoriza muito o trabalho, e as doenças costumam limitar a produtividade da pessoa, temporária ou permanentemente. Além disso, o trabalho também exerce sua função de fuga dos problemas pessoais, de modo que quando a doença limita o trabalho, pode estar jogando a pessoa de cara com problemas que ela gostaria de evitar. Isso pode levar tanto à negação quanto à revolta.

Contrastando com a passividade associada à posição negação, a revolta caracteriza-se por uma intensa atividade. Entretanto, não devemos nos iludir com essa atividade, pois nem toda atividade é produtiva; pode ser mera agitação. Qual é a diferença? Agitação é atividade fora de foco, não direcionada ao problema, nada resolve, é pura descarga energética sem objetivo a ser alcançado. Essa é uma noção valiosa em psicologia: atividade não é igual a produtividade.

Essa idéia foi sistematizada pela psicóloga norte-americana Jacquie Schiff (Crema, 1984), para quem existem quatro formas pelas quais uma pessoa pode ser passiva. A primeira é a "*sobreadaptação*", que ocorre quando a pessoa age para agradar o outro, e não para resolver o problema; a segunda é o "*nada fazer*", em que não existe atividade; a terceira é a "*agitação*", que se define como ação não focalizada no problema, e a quarta forma é a "*violência*", que se caracteriza por autoagressividade e heteroagressividade, que não resolvem o problema. Fazendo uma correlação entre as quatro formas de passividade a as quatro formas de reagir à doença, temos o seguinte: é evidente a passividade nas posições de negação e depressão e, embora possa parecer paradoxal, a revolta, com toda a sua agitação, podendo chegar às raias da violência, também é uma passividade enquanto não levar ao enfrentamento da doença, esta sim a posição mais produtiva de todas, entendendo-se como produtiva a possibilidade de atravessar o processo de adoecimento lutando contra a doença, e não contra a frustração ou contra a angústia.

O que mais nos interessa mais neste momento, pela sua estreita ligação com a revolta, é a agitação. Vejamos alguns exemplos: uma pessoa que diante da doença se comporta de maneira nervosa, gritando, chorando, quebrando coisas e agredindo pessoas é passiva, embora esteja muito ativa. Por outro lado, esse mesmo comportamento em um momento agudo, como no caso da notícia da morte de um ente querido, não é comportamento passivo, porque pode efetivamente ajudar, como forma de catarse, a enfrentar a angústia daquele instante.

Outro exemplo: um cirurgião que durante um cirurgia depara-se com uma imprevista artéria rompida a jorrar muito sangue, nada ganha entregando-se à agitação, esbravejando contra a má sorte, jogando instrumentos cirúrgicos na mesa, agredindo verbalmente membros da equipe ou fazendo manobras cirúrgicas apressadas e nervosas. Em um momento como esse ele só tem uma coisa a fazer: manter a calma a fim de conseguir pinçar a artéria e estancar o sangramento. Qualquer outra coisa seria passividade. Cabe então não confundir nervosismo e agitação com eficiência. Nos momentos mais difíceis é a focalização da ação que tem mais chances de resolver o problema, e não um elevado grau de atividade.

O termo "paciente difícil", tão comum nas enfermarias dos hospitais, não se refere a um paciente cuja doença exija muito da equipe médica quanto à técnica, esse se denomina, na verdade, um caso grave, mas designa o paciente que tem problemas de relacionamento, seja porque está sempre de cara fechada, não querendo conversar com ninguém, seja porque é muito crítico ou sarcástico com os que cuidam de sua saúde, como médicos, enfermeiras ou familiares. O paciente difícil é o protótipo da pessoa na posição de revolta, embora alguns pacientes na posição depressão também possam receber esse rótulo. Esses pacientes acabam sendo evitados pela equipe de uma forma consciente: "ah, desse daí eu não cuido"; ou inconsciente, por meio de pequenos esquecimentos dos horários de medicação, cuidados muito apressados, silêncio temeroso, etc. Na doença, como na vida, raivosos despertam medo e afastamento. Tratar esses pacientes por esse caminho do isolamento só faz piorar a situação. Quando eles podem ser escutados em sua revolta e mau humor, quando podem ter seus sentimentos reconhecidos, seus medos ventilados numa conversa desarmada, geralmente melhoram muito em seus relacionamentos.

Ocorre que é mesmo muito mais difícil lidar com pacientes na revolta do que na negação em razão de seu comportamento querelante, ruidoso, disruptivo até. A esses motivos deve-se somar o fato de que nunca é fácil, para a equipe, perceber que aquela agressividade que lhe está sendo dirigida nada tem de pessoal. O psicólogo, escorado em seus conhecimentos sobre transferência e *acting out* deve, idealmente, estar preparado tanto para lidar com um paciente assim, bem como para orientar e dar suporte à equipe. "Estou aprendendo a fazer curativo em porco-espinho" disse-me certa vez uma enfermeira, explicando porque achava que determinado paciente precisava de atendimento psicológico.

O pensamento na revolta gira em torno do tema da justiça, ou melhor, da injustiça de a doença acometer alguém que nunca fez mal a ninguém. Muitas vezes ouvimos comentários do tipo "fulano, que é uma peste, um crápula, está tão bem, e essa pessoa tão nobre passando por todo esse sofrimento". O escritor J. J. Simmel pergunta, no título de um de seus livros, "por que coisas ruins acontecem a pessoas boas?"

Para além da angústia e revolta desses questionamentos encontra-se um modelo moral de doença, pelo qual a doença é entendida como um castigo divino por determinados pecados, ou um castigo da vida em razão de hábitos pouco saudáveis (Laplantine, 1991). O problema é o seguinte: a doença carrega em seu âmago o princípio da incerteza; pessoas boas e más adoecem, pessoas desleixadas e supercuidadosas adoecem, não há uma garantia contra a doença, e ausência de garantia gera angústia. Como não se trata de um julgamento, o trabalho do psicólogo hospitalar constitui-se em ouvir essas queixas sem reprimi-las, mas também sem estabelecer veredictos do tipo "a vida não é justa", os quais, embora verdadeiros, já estão por demais desgastados. Cabe escutar muito mais no lugar de testemunha do que de juiz.

Se na negação as soluções tentadas são mágicas, na revolta elas são do tipo impulsivo, muito mais uma ação para descarregar tensão acumulada do que tentativas de solucionar qualquer problema. É na qualidade de válvula de escape, de diminuição da angústia que essas soluções devem ser sustentadas e apoiadas pelo psicólogo hospitalar, na medida do possível. Não são soluções verdadeiras, mas ajudam a manter a angústia em um nível suportável, e muitas vezes não há mesmo nada de efetivo que o paciente possa fazer naquele instante, mas como fazer nada é quase insuportável para os seres humanos, cabem soluções que distraiam a atenção. As soluções do tipo impulsivo se enquadram no tipo de passividade denominado "*agitação*", que comentamos acima. Nesse sentido, cabe dizer que muitas vezes a ação é fora de foco porque não existe mesmo um foco, não há um problema a ser resolvido, e nesse caso o que fazer?

A raiva é positiva, é um sinal de luta pela vida, uma tentativa de afirmação subjetiva. O problema da raiva, na revolta, é o seu exagero e sua constância, que a denunciam como tentativa de evitar alguma outra coisa. De modo geral as emoções humanas acontecem em uma curva do tipo pico, isto é, começam em baixa intensidade e vão crescendo até atingir um pico máximo, depois do quê iniciam um declínio. Quando qualquer emoção muda sua curva do tipo pico para o tipo platô, que é a intensidade do pico mantida, como podemos visualizar na figura abaixo, devemos ficar atentos para seu caráter de disfarce de alguma outra emoção.

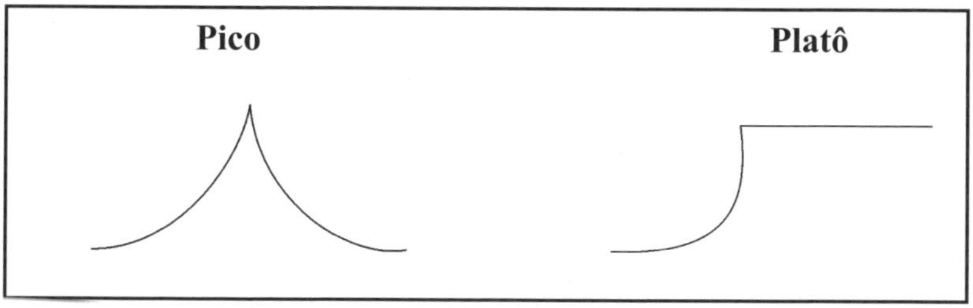

Figura 4: Curva das emoções

É natural uma pessoa sentir raiva diante da doença, mas se ela passa o tempo todo sentindo raiva, se essa raiva se torna uma condição quase permanente, é hora de nos perguntarmos: por quê? Com muita freqüência uma raiva desse tipo está a serviço de evitar a angústia e a tristeza. De modo similar, se a tristeza se torna permanente, como veremos na depressão, geralmente envolve uma dificuldade em lidar com a raiva. Nesse campo emocional, o trabalho do psicólogo hospitalar é facilitar e expressão das emoções evitadas, mas de nada adianta acusar o paciente de estar reprimindo essa ou aquela emoção. Não é pela via da denúncia que o paciente chega à emoção que evita. O psicólogo pode apenas acompanhar o caminho que vai da raiva à tristeza, ou vice-versa, mas não pode induzi-lo. O melhor é ficar atento ao discurso do paciente e, quando ele evidenciar a emoção evitada, chamar a sua atenção para ela. Se ele estiver pronto, vai "engatar" e mudar de posição. Caso contrário, não. Cabe esperar e acompanhar.

Conselhos do tipo "solte-se", expresse suas emoções podem até ajudar, mas um silêncio genuíno por parte do psicólogo é um convite muito mais poderoso, tem quase a força de um vácuo, que puxa, sem forçar, aquilo que está reprimido. Esse é o segredo da psicanálise: fazer silêncio, um silêncio para ser preenchido pela fala do paciente, e não pela do psicólogo. Outra coisa: depois que a emoção foi expressa, não é preciso concluir nada, já está feito o mais importante: ele falou, não cabe tirar nenhuma lição de moral disso, tipo, "...está vendo, agora toda vez que sentir alguma coisa, diga". Outro exemplo: diante de um paciente raivoso que ao falar, titubeia, engasga e começa a dar sinais de choro, melhor do que lhe dizer "vamos chore", é fazer um silêncio expectante, paciente, sem ansiedade. É da ordem do perfume o trabalho do psicólogo hospitalar: há que ser sutil, quase fugaz, não pode ser muito direto ou intenso, se não estraga. É uma arte a ser cultivada esse negócio de "atendimento psicológico".

Uma pessoa que permanece tempo demais na posição revolta acaba por desenvolver um padrão de estresse. O estresse é um estado de prontidão para a luta. Nele, todo o organismo, a mente e o corpo, coloca-se em alerta, os músculos se enrijecem, a respiração fica mais rápida, o coração dispara, grande quantidade de adrenalina é despejada na corrente sangüínea, os olhos se abrem mais para perceber o meio ambiente, etc. O estresse é positivo quando existe mesmo um desafio a ser enfrentado, já que ele aumenta o desempenho do organismo no processo de luta ou fuga. Entretanto, quando é mantido cronicamente, tanto o corpo como a mente começam a dar sinais de exaustão, com queda do rendimento global e diminuição, até mesmo, das defesas imunológicas do corpo (Sebastiani, 1998). Na posição de revolta a pessoa resiste, luta, e isso é valioso, mas é preciso caminhar em direção a um enfrentamento mais realista, direcionando os esforços, por exemplo, para o tratamento, do contrário o organismo entrará em colapso. A irritabilidade crônica de uma pessoa em revolta, além dos problemas de relacionamento que acarreta, é também um sinal de que o colapso pode estar próximo.

A revolta pode assumir a forma de hostilidade contra a instituição. Em tal situação, a pessoa se volta contra o hospital, contra o plano de saúde, contra o sistema governamental de saúde, contra a própria medicina, contra a ideologia dominante, e mesmo contra outras coisas. Com muito freqüência existe uma base de realidade nessas críticas, como nos casos de reivindicações contra falta de vagas nos hospitais, demora na marcação de consultas, falta de remédios e outros insumos hospitalares (Angerami, 1996). Considerando que a maior parte dessas instituições possui, para o paciente, um caráter abstrato, distante e impessoal, é interessante perguntar contra quem, concretamente falando, o paciente vai brigar? Contra as pessoas que se encontram na linha de frente do atendimento, que são tomadas como representantes dessas instituições: os médicos, as enfermeiras e auxiliares administrativos. São neles que os pacientes costumam descontar sua raiva contra o sistema. Novamente será muito difícil para a equipe suportar esse ataque injusto e entender que ele não é pessoal. O psicólogo, com sua arte de escuta, deve estar preparado para desempenhar um papel de mediação nesse campo conflituoso.

UMA HISTÓRIA DE REVOLTA

Há muitos e muitos anos vivia na região da Mancha um nobre fidalgo, descendente de uma família de honrados cavaleiros. Mergulhado em seus livros e em suas reflexões filosóficas, chegou um belo dia a uma constatação irritante: havia muita injustiça no mundo a sua volta, e, como cavaleiro que era, tendo jurado pela santa cruz defender os fracos, doentes, pobres e injustiçados, preparou suas armas, vestiu sua armadura, convocou seu fiel escudeiro, montou em seu cavalo e decidiu correr o mundo, a defender quem dele precisasse. Em suas andanças lutou contra enormes gigantes, defendeu lindas e castas donzelas, enfrentou gananciosos senhores, bateu-se contra cavaleiros do mal, e assim seguiu sem nunca descansar ou se render, por dias e dias sem conta... até que um dia um cavaleiro vestido de negro o venceu. Humilhado com a derrota, retornou aos seus domínios e quedouse em profunda depressão, que o levou à beira da morte. Antes, porém, pôde ouvir de seus familiares que os gigantes com quem lutara eram na verdade moinhos de vento, que a donzela por quem se batera era uma prostituta chamada Dulcinéia, que o cavaleiro negro era seu sobrinho, que, não encontrando outro meio de fazê-lo recobrar a lucidez, optou por enfrentá-lo em seu próprio delírio. Estranhamente, a verdade desses fatos não o decepcionaram. Já estava em condições de enfrentá-los.

O personagem Dom Quixote, criado pelo escritor espanhol Miguel de Cervantes, ilustra bem a posição de revolta com suas lutas justas, mas contra inimigos errados ou mesmo imaginários.

POSIÇÃO REVOLTA	
Solução tentada	Impulsiva
Emoção predominante	Raiva
Emoção evitada	Tristeza
Pensamento	Injustiça
Comportamento	Fora de foco – agitação
Estado de ânimo	Estressado e solitário
O sujeito	Resiste

Mecanismo	Luta
Forma de passividade	A luta não muda o problema
Esperança	Querelante
Personagem	Dom quixote
Frases	Isto não é justo
	Por que eu?
	Odeio ficar doente

Quadro 4: Principais características da posição revolta

Posição Depressão

Na posição depressão a pessoa se entrega passivamente a sua doença. É como uma desistência, nada espera do futuro e pode mesmo se negar a qualquer esforço quanto ao tratamento. Não costuma ser uma fase de desespero; é muito mais de desesperança, onde a pessoa não acredita que possa ser curada, ou então a cura possível não interessa em razão das perdas que acarreta, podendo chegar a um ponto em que já não há nem mesmo o medo de um desfecho fatal. Não tem medo da morte, nem vontade de viver, mas há tristeza. É um equívoco pensar que a pessoa deprimida, pela sua manifesta indiferença, não sofre: sofre sim, e bastante.

O silêncio é a frase mais comum na posição depressão. Entretanto muitos outros ditos se fazem ouvir: "para quê?", "já sou muito velho", "não adianta", "não vai dar certo", "você é quem sabe".

Depressão é uma palavra plural, embora não termine em "s". Em razão do fato de ela poder assumir muitas formas diferentes, mais correto seria falar em depressões. Convém distinguir os vários tipos, para evitar tanto uma confusão teórica como uma psiquiatrização da vida. Freud (1980, vol. XIV) distingue dois tipos principais de depressão: o luto e a melancolia; o primeiro, uma reação no campo da normalidade, o segundo adentrando já o psicopatológico. Tanto o luto como a melancolia são maneiras de lidar com a perda do objeto, objeto aqui tomado no sentido psicanalítico, significando objeto da pulsão, objeto da libido, objeto de amor. Embora na maioria das vezes o objeto seja uma pessoa, também pode ser uma coisa, um ideal (liberdade, crença, etc.), ou ainda um aspecto da pessoa, o qual se transformou, como, por exemplo, a juventude perdida, o estado civil, ou, o que nos interessa mais aqui, o estado de saúde. Que objeto exatamente é esse que se perde na doença, só o trabalho individual com o paciente é que pode determinar, já que muitas vezes esse objeto perdido só existe no imaginário do paciente. Nas palavras de Freud: "na depressão a perda é secreta..." — e só desvendável no trabalho de análise.

Vejamos como Freud conceitua o luto em seu trabalho *Luto e Melancolia* (Freud, 1980, vol. XIV): "o luto comporta um estado de alma doloroso, a perda de interesse pelo mundo exterior, a perda da capacidade de escolher um novo objeto de amor — o que equivaleria a substituir aquele por quem se está enlutado — e o abandono de qualquer atividade não relacionada à memória do defunto. Concebemos facilmente que essa inibição e restrição do ego exprimem o fato de o indivíduo se entregar exclusivamente ao seu luto, de sorte que nele nada resta para outros projetos e outros interesses".

Aqui vemos que o luto, e portanto a depressão, não é uma coisa meramente negativa, não se resume a um desinteresse pelo mundo e pela vida. Se a pessoa recolhe sua libido que estava direcionada ao objeto, é para investi-la em outro lugar, fazer outra coisa. O psicólogo hospitalar deve se lembrar disso quando estiver atendendo um paciente na posição depressão. Não cabem mais frases do tipo "ele não está fazendo nada", já que na verdade a pessoa está realmente fazendo alguma coisa. Essa "coisa" que o deprimido faz é um trabalho psíquico, uma elaboração da perda, a qual leva tempo e nela o psicólogo pode ajudar muito, mas não é o caso de apressá-la: o trabalho psíquico tem seu próprio ritmo.

A melancolia, para Freud, é um quadro com características psicóticas, e nisso ele concorda com a psiquiatria moderna, que usa o termo para designar casos graves de depressão, que incluem delírios e alucinações. Clinicamente a melancolia se manifesta como um luto acrescido de mais algumas coisas, a saber culpa e auto-acusação, ausência de cuidados elementares, como alimentação e higiene, desânimo intenso, podendo chegar ao estupor, perda de interesse pelo mundo beirando o egocentrismo total (por isso a depressão é chamada neurose narcísica) e uma perda da capacidade de amar, sendo muito comum o próprio paciente se queixar de uma sensação de falta de afetividade. Nas palavras de Freud, "a pessoa se descreve como sem valor, incapaz do que quer que seja e moralmente condenável: recrimina-se, insulta-se, espera repulsa e punição e compadece-se de seus familiares por estarem ligados a uma pessoa tão indigna quanto ele, e — o que é notável — evidencia um fracasso da pulsão que obriga todo ser vivo a apegar-se à vida." O paciente na posição depressão tipo melancolia encontra-se em risco aumentado de suicídio. Diagnosticando esse risco, cabe ao psicólogo tomar as providências adequadas, como veremos mais adiante.

Dessas considerações psicanalíticas extraímos as seguintes conseqüências para o nosso trabalho em psicologia hospitalar: Diferentemente das outras três posições, quando diagnosticamos que um paciente se encontra na posição depressão, o trabalho ainda não está completo, é preciso ir mais adiante e especificar o tipo, se depressão reacional (luto) ou depressão melancólica. Mas por quê? Porque cada tipo exige uma conduta terapêutica diferente. Se for reacional, portanto uma depressão mais próxima do normal, por assim dizer, podemos esperar uma evolução favorável. Já se o quadro for do tipo melancólico, exige um atendimento mais freqüente, mais atenção a sinais de risco de suicídio, maior entrosamento com a equipe médica, e sugere uma evolução mais complicada, bem como implica uma investigação mais detalhada da história psiquiátrica do paciente em busca de episódios anteriores de transtorno depressivo maior.

Outra conseqüência importante é a noção de que, no adoecimento, a depressão, em seu sentido de luto e tristeza, é uma etapa necessária ao enfrentamento da doença e, se evitada, como no caso da negação ou da revolta, constitui-se em dificuldade, mas que, quando muito exagerada, como na melancolia, vai beirar o patológico. Se a depressão é necessária ao trabalho psíquico de enfrentamento, o psicólogo hospitalar deve estar preparado para aceitá-la no paciente, em vez de querer tirá-lo a qualquer custo dessa posição. É preciso aprender a suportar por algum tempo a tristeza e a angústia no outro. A experiência mostra que tal só é possível quando o profissional já aprendeu a enfrentar e a sustentar a angústia e tristeza referentes à perda de seus objetos pulsionais. Geralmente, o psicólogo, por já ter se submetido, ou estar se submetendo a um processo de análise pessoal estaria, em tese, em melhores condições para fazer isso do que os outros profissionais da saúde, os quais raramente se submetem a um processo de análise.

Cabe agora proceder a alguns esclarecimentos para evitar possíveis mal-entendidos referentes ao uso muito genérico da palavra "depressão". A posição depressão na órbita reacional não é a mesma coisa que a doença denominada "depressão". Naquela posição a pessoa apresenta uma série de sintomas que também estão presentes na doença depressão, mas, pelo seu caráter passageiro e reativo, não preenchem os critérios diagnósticos para a depressão propriamente dita. A primeira é uma reação com colorido depressivo, e a segunda, um transtorno mental bem especificado. É evidente que, em determinados casos, as duas entidades podem estar presentes, mas essa não é a regra.

Outra distinção necessária ocorre entre tristeza e depressão. É certo que na doença mental depressão a tristeza é um elemento presente e fundamental, mas nem toda tristeza é uma doença. A tristeza é uma emoção humana bastante natural ante a situações de perda. Essa questão tem crescido em importância nas últimas décadas em razão do advento dos medicamentos antidepressivos. Há uma tendência da indústria farmacêutica, e de alguns psiquiatras, em abordar a tristeza, independentemente da depressão, com remédios. No Brasil e nos EUA, existe um estudo científico sobre o uso de antidepressivos em pessoas sem nenhuma sintomatologia psiquiátrica. A tese desses trabalhos está em que os antidepressivos podem tornar as pessoas mais seguras e podem melhorar seu desempenho social de uma maneira global. Algo como torná-los mais felizes ou transforma-los nos "supenormais" (Ipq, 2003.). Dois movimentos sustentam essas idéias: o marketing da indústria farmacêutica e a tentativa de nossa cultura pós-moderna de evitar a angústia a qualquer preço, esquecendo-se, porém, de que existe uma angústia que faz parte da vida, a angústia dita existencial que é constituinte da própria condição humana. Também trataremos dessa questão mais adiante, no apêndice sobre os remédios.

Agora, uma questão meramente terminológica: a posição depressão na órbita da doença nada tem que ver com a "posição depressiva" postulada pela psicanalista Melanie Klein como uma das fases do desenvolvimento psicossexual do ser humano. São conceitos diferentes que usam palavras semelhantes, mas que não se implicam mutuamente.

Na posição depressão a tendência é para a inatividade; quase não há ação. A causa provável disso é o "estreitamento do campo existencial e a lentificação dos processos psíquicos que caracterizam a depressão" (Somenreich, 1994).

Ao contrário da posição negação, com seu pensamento onipotente, a posição depressão evidencia um pensamento com conteúdo de impotência: é o pólo oposto. A pessoa não se acredita capaz de ficar curada nem capaz de enfrentar a situação provocada pela doença, e geralmente percebe seu estado de saúde como sendo mais grave do que realmente é. Outras vezes essa impotência se estende levando a uma descrença nos poderes terapêuticos da medicina e da psicologia. É comum nas primeiras entrevistas escutarmos o paciente dizer coisas como "de que adianta ficar aqui falando de minha doença com você, isso não vai mudar nada". É interessante notar como essa é uma das primeiras coisas a mudar no quadro psíquico daquele paciente em atendimento psicológico. Ele começa a descobrir que a palavra pode, sim, mudar as coisas, mas a sua própria palavra, e não a palavra dos outros, em forma de conselho ou orientação. É a sua palavra plena, carregada com a sua verdade pessoal que, quando expressada e sustentada pelo psicólogo hospitalar, ouvinte treinado para isso, desencadeia um misterioso processo de mudança, se não da doença, da forma como ela é vivenciada. É nesse instante que surge a nova frase do paciente para o psicólogo: "você pode vir novamente amanhã para continuarmos conversando?"

Se as soluções tentadas pelo paciente são mágicas na negação e impulsivas na revolta, aqui elas são do tipo narcísica. Narcisismo significa o recolhimento da libido investida nos objetos para investimento no próprio ego. A doença provoca mesmo essa regressão, que é na verdade uma tentativa de cura, tentativa de reconstituição da própria forma do ego. Note-se como na depressão a palavra "eu" é insistente: "eu não consigo", "eu não tenho mais jeito", "a vida continua igual, eu que não encontro mais prazer em nada". Quando a pessoa puder, vai voltar sua atenção novamente para as coisas do mundo e da doença, aí estará se iniciando o processo de enfrentamento: é a volta do pêndulo.

A tristeza é emoção emblemática da posição depressão. É natural sentir tristeza diante da doença, considerando-se que a tristeza é a emoção da perda e que a doença se faz acompanhar de muitas perdas, algumas concretas, outra imaginárias, mas sempre perdas de objetos pulsinonais. Não ficar triste durante o processo de adoecimento é um estado a ser alcançado após algum trabalho de elaboração psíquica, é um ponto de chegada, e nunca um ponto de partida. Entretanto, quando a tristeza se cristaliza, monopolizando todo o cenário emocional da vida da pessoa, isso pode significar que existe uma exclusão das outras emoções, e geralmente o problema é com a raiva. A pessoa cronicamente entristecida pode ter dificuldades em expressar sua hostilidade.

O dia-a-dia de uma pessoa na posição depressão é vivenciado como sem graça. Ela faz as coisas por fazer, sem prazer. É como se a vida, antes colorida, transcorresse agora em preto e branco.

UMA HISTÓRIA DE DEPRESSÃO

Sociedade dos poetas mortos é um filme que conta a história de um rapaz, filho de uma tradicional família americana que estuda em um colégio interno ainda mais tradicional, daqueles que se orgulham de ter entre seus ex-alunos vários presidentes da república, senadores e executivos de sucesso. O rapaz cursa o segundo grau e se prepara para seguir a carreira de medicina, como deseja o pai. Acontece que, a partir do encontro com um professor de literatura, o rapaz se fascina pelo universo das artes e resolve participar de uma peça de teatro que está sendo encenada no colégio, isso às ocultas do pai, que não tarda em descobrir o envolvimento de seu filho com o teatro. Indignado, o pai faz o filho prometer que vai parar com "tais bobagens". O rapaz promete, mas não cumpre, e segue participando dos ensaios. No dia da estréia, poucos minutos após o final do espetáculo, o pai invade o teatro e obriga o filho a ir para casa com ele. O final do filme é dramático. É noite, e na imensa e confortável casa todos dormem — pelo menos é o que sugere as imagens — mas de repente se ouve o barulho de um tiro de revólver. O pai, assustado, corre até o quarto do filho e encontra a janela escancarada, mostrando a neve e o frio lá fora. A cena sugere que o rapaz teria fugido de casa para enfrentar o frio e o mundo lá de fora, mas, baixando os olhos, o pai vislumbra, no chão, o corpo inerte do rapaz com um revólver na mão e um tiro na cabeça. A câmara volta a focalizar a janela, que balança suavemente sob a força do vento frio.

Essa história ilustra um momento de decisão. A janela era uma opção, caminho para o enfrentamento dos pais e do mundo; o suicídio, a outra opção, afirmação de uma impotência. Em nossa linguagem, o suicídio é a posição depressão, e a janela, a posição enfrentamento.

POSIÇÃO DEPRESSÃO	
Solução tentada	Narcísica
Emoção predominante	Tristeza
Emoção evitada	Raiva
Pensamento	Impotência
Comportamento	Paralisia
Estado de ânimo	Sem graça, faz por fazer
O sujeito	Desiste
Mecanismo	Luto
Passividade	Não há luta
Esperança	Minimizada
Personagem	*Sociedade dos poetas mortos*
Frases	Não adianta Pra quê? Não vai dar certo

Quadro 5: Principais características da posição depressão

Posição Enfrentamento

Se o encontro com a doença é uma espécie de tropeço no real, no enfrentamento trata-se então de "fazer da queda um passo de dança" (Sabino, 1984). Quando o paciente alcança essa posição de enfrentamento ele já passou pelas outras posições, já deixou para trás suas fantasias de onipotência e impotência, e pode agora encarar sua doença de maneira mais realista. O enfrentamento é um adeus às ilusões que provoca no paciente uma mudança, nem sempre fácil de ser explicada, mas bastante evidente pelo posicionamento em relação a doença que agora passa a ser uma alternância, uma mistura, entre a luta e o luto. Na depressão só havia luto, na revolta só luta, e agora há uma alternância, um amálgama entre as duas forças.

Luta é tudo o que uma pessoa faz diante de um limite tentando modificá-lo, e luto é tudo aquilo que uma pessoa faz diante de uma perda objetal, tentando suportá-la. Essa polaridade luta-luto não é específica da doença, sendo na verdade uma estratégia humana para lidar com mudanças. Vejamos alguns exemplos do amálgama, luta e luto no processo de adoecimento. Para uma mulher jovem, que necessitou fazer mastectomia em razão de um câncer, comprar roupas que disfarcem a cicatriz é um processo de luta; já conversar abertamente, com um homem no qual esteja interessada, sobre seus medos de um relacionamento sexual, é um momento de luto. Outro exemplo: para um paciente que sofre de problemas cardíacos, submeter-se a uma cirurgia de revascularização é uma luta, enquanto modificar seus hábitos de vida é um luto. O quadro abaixo relaciona os comportamentos típicos de cada pólo.

LUTA	LUTO
Reações diante do limite	Reações diante da perda
Fazer	Falar
Produzir	Elaborar
Mudar	Adaptar
Força	Flexibilidade
Garra	Profundidade
Disciplina	Sabedoria
Revolução	Aceitação
Ação	Meditação
Trabalho no real	Trabalho psíquico
Indústria	Alquimia

Quadro 6: Comportamentos na luta e no luto

Livre "para", não livre "de" ; é assim a liberdade humana. Não estamos livres das contingências e limitações da vida, mas somos livres para decidir o que vamos fazer a partir delas. O homem não é livre para voar, mas é livre para inventar uma máquina que voe e que o leve junto. É esse tipo de liberdade que o paciente precisa descobrir para enfrentar o insuportável contido na doença. Ele vai descobrir que não está livre da doença, e que nunca esteve, vive mesmo numa condição existencial bastante vulnerável, sem garantias, característica da condição humana, permanentemente sujeita a uma doença qualquer, mas é livre para posicionar-se diante dela. Parafraseando o dito existencialista de que "não importa o que seus pais fizeram de você, o que importa é o que você vai fazer com o que seus pais fizeram de você", podemos formular : o mais importante não é o que a doença fez de você, mas o que você vai fazer com o que a doença fez de você.

No enfrentamento, a pessoa busca soluções do tipo realista, mas o que é ser realista? O que é o real? Não sabemos exatamente o que é a realidade, mas seja lá o que ela for tem, no mínimo, dois lados: um que podemos modificar e outro que não podemos modificar, o primeiro correspondendo a nossa potência real e o segundo a nossa impotência real. Diante de qualquer situação, por pior que ela seja, há sempre algo que possamos fazer. Diante de um diagnóstico de doença grave a pessoa pode procurar vários especialistas em busca do melhor tratamento, e nisso ela é potente. Por outro lado, os limites existem, e mesmo o melhor tratamento pode não curar a pessoa, é um ponto limite da medicina, do conhecimento humano, em relação ao qual a pessoa nada pode fazer. Nisso ela é impotente. Realismo para nós significa a soma da potência mais a impotência. Quando a pessoa não enxerga sua potência, achando que nada pode fazer, temos a depressão com sua impotência total. Se, ao contrário, a pessoa não se da conta de sua limites achando que pode tudo, temos o onipotência característica da negação. O quadro abaixo esquematiza essa idéia.

Onipotência = Potência com impotência negada
Realismo = Potência + Impotência
Impotência = Impotência com potência negada

Quando 7: Diagrama do realismo

Na posição enfrentamento a pessoa, mesmo estando doente, é potente porque nada está sendo negado. Quando não nego nada em mim mesmo, nem a existência de minhas fraquezas, quando posso ser eu mesmo com meus defeitos e qualidades, quando posso agir a partir de meus sentimentos é, enfim, quando sou mais forte, mais seguro e potente. Quando uma pessoa não tem nada a esconder de si mesmo, ou dos outros, sente-se livre e forte. Essa talvez seja uma explicação para o dito religioso de que a verdade vos libertará. Essa verdade, tão conhecida na psicoterapia, em geral também vale na psicologia hospitalar e se chama enfrentamento.

O pensamento na posição enfrentamento se caracteriza pela sua amplitude, é bastante inclusivo e não nega aspectos positivos ou negativos da realidade e da doença. Tal aceitação da doença não é prematura nem passiva, e nisso se diferencia da aceitação existente na posição depressão.

Outra característica do pensamento na posição enfrentamento é que o paciente não está mais em busca de sentido, de uma explicação para a má sorte. Quando a doença eclode, a pessoa geralmente insiste em se perguntar "mas por que eu?", "o que foi que eu fiz?" No enfrentamento isso já não é mais tão importante. A pessoa pára de perguntar, não porque já tenha encontrado a resposta, mas porque descobriu que não se trata de saber se a doença faz ou não sentido, e sim de saber o que fazer com a doença. É como se ela tivesse conseguido esvaziar a doença de todos os seus sentidos imaginários, ficando apenas com o seu caroço, um núcleo duro do real que não demanda sentido, e sim pede posicionamento.

Um caso muito particular de enfrentamento é o do paciente terminal, que tendo passado por todos os estágios anteriores, alcança um estado em que contempla seu fim próximo com uma espécie de tranqüilidade. Não se deve idealizar esse momento como um estado de sabedoria e felicidade; ele se caracteriza mesmo por uma descatexia dos objetos amorosos, uma diminuição do interesse pelo mundo exterior. Também não é um estado depressivo, à medida que esse é uma desistência antecipada. A depressão é um antes da luta, a aceitação, um além-da-luta.Com pacientes nessa fase o trabalho é quase sempre silencioso, calmo, repleto de uma comunicação não verbal. No dizer de Kubler-Ross (1984), é a “terapia do silêncio”, mas infelizmente não se dá sem angústia.

O enfrentamento é uma posição de fluidez emocional, contrastando com a estase da revolta (cristalização da raiva) e da estase da depressão (cristalização da tristeza), onde todas as emoções se fazem presentes. A pessoa sente tudo: medo, raiva, tristeza, alegria, carinho, desânimo, dependendo do momento. Mas tudo passa, dando lugar a outro estado afetivo. É uma posição bastante rica e complexa do ponto de vista emocional, aquilo que o paciente afirma hoje pode já não valer amanhã. Não é uma posição coerente, é uma posição verdadeira. Essa complexidade emocional não deve ser encarada como um problema que exige correção ou tratamento: ela já é uma solução afetiva que o sujeito está tentando para o seu momento. Dito de outra maneira: o sintoma psíquico, e também o físico, já são, ambos, uma tentativa de cura, e não um problema a ser eliminado a qualquer custo.

Como uma invenção individual, é assim que devemos encarar a posição enfrentamento. Não existe uma forma pré-estabelecida, cada um encontra sua forma particular e única de enfrentar a doença. Uma explosão de raiva genuína em um paciente calado há semanas pode ser enfrentamento, mas já em um paciente que tem crises desse tipo todos os dias provavelmente faz parte da posição revolta. Cada paciente inventa seu enfrentamento, não no sentido de falseá-lo, mas de construí-lo a partir de sua originalidade como sujeito psíquico com uma biografia única e condições de vida bem especificas. Isso exige que o psicólogo não se fixe em uma suposta lista de comportamentos típicos da posição enfrentamento, mas que esteja aberto, como pessoa, também com sua intuição, para sentir que naquele comportamento diferente do paciente há uma mudança em andamento, uma semente de enfrentamento. O enfrentamento é na verdade um processo, se o chamamos de posição, é só por uma questão de uniformidade terminológica.

O dia-a-dia de uma pessoa pode ser bastante influenciado pela posição que ela assume em relação a sua doença. Na negação ela se torna irritadiça e angustiada, na revolta fica estressada e solitária, na depressão não vê graça em nada e faz as coisas por fazer; já no enfrentamento a pessoa aprende a desfrutar o prazer das pequenas coisas, e tudo o que faz parece carregado de muita intensidade, além do que ela vivencia certa serenidade, que à primeira vista pode ser paradoxal diante de sua condição de enferma. Ocorre que, quando uma pessoa se põe em contato com sua própria verdade, ela se torna forte e calma, pode haver tristeza, mas não há depressão, pode haver medo, mas sem ansiedade. É uma posição bastante rica do ponto de vista psicológico.

Quanto ao aspecto comportamental, podemos resumi-lo da seguinte maneira: na negação a pessoa é uma procrastinadora, adia o que tem de ser feito; na revolta, ela faz muitas coisas, mas quase tudo é sem foco, uma agitação; na depressão nada faz, paralisa-se; já no enfrentamento a pessoa faz o que tem de fazer. Mas o que ela tem de fazer? Não é possível sabê-lo antecipadamente: a pessoa faz e *a posteriori* verifica o acerto, ou não, de seus atos. Estamos aqui em pleno domínio do princípio da incerteza. Não existe a coisa certa: existe a coisa que dá certo (Nóbrega, 1996).

Eu gostaria muito de afirmar que quando um paciente passa pelo seu enfrentamento, a mudança se dá não apenas em sua maneira de lidar com a doença, mas também em seu âmago como pessoa. Isso seria confirmar a idéia, tão comum em nossos dias, de que quando uma pessoa passa por uma doença grave e fica, por exemplo, na

UTI por muito tempo, ela sai de lá um ser humano melhor, mais sábio, mais maduro. Entretanto, a experiência mostra que nem sempre é assim, ou, quando é, quando a pessoa se transforma, a mudança é freqüentemente passageira. Existem, é claro, aquelas pessoas que realmente mudam de vida ao enfrentar uma doença, mas isso não pode ser tido como regra e elevado à categoria de estado esperado após o adoecimento. O enfrentamento é só isso: uma luta & luto, não uma reengenharia pessoal em busca da perfeição. Não idealizemos o enfrentamento. Nessa mesma linha, também não devemos confundir o enfrentamento com um estado de contentamento e paz de um espírito que tenha alcançado a iluminação. Não é nada disto, insisto: o enfrentamento é luta & luto, com tudo o que isso implica, até mesmo um tanto de angústia, tristeza, medo, irritação. Inclui um pouco de tudo, mas na medida certa e de forma consciente.

UMA HISTÓRIA DE ENFRENTAMENTO

No final da Idade Média, na cidade italiana de Assis vivia Francisco, jovem filho de um rico mercador de tecidos finos. A certa altura de sua vida, o moço viu-se tomado de um fervor religioso tal, que a seus pais e amigos mais parecia loucura: ouvia a voz de deus, falava com os pássaros, isolava-se em antigas ruínas em meio ao frio, recusava a riqueza de sua família, angustiava-se diante do sofrimento dos pobres e revoltava-se contra a fraqueza moral da Igreja; orava de forma tão intensa, que beirava o transe místico. Uma dessas orações alcançou grande notoriedade em toda a cristandade, ela dizia: "Senhor, fazei com que eu tenha paciência para aceitar o que não pode ser modificado, coragem para transformar o que pode ser mudado, e sabedoria para diferenciar uma coisa da outra..."

Essa oração de São Francisco ilustra a complexidade da posição enfrentamento: juntar mudança e aceitação em um mesmo movimento.

POSIÇÃO ENFRENTAMENTO	
Solução tentada	Realista
Emoção predominante	Todas
Emoção evitada	Nenhuma
Pensamento	Potência
Comportamento	Faz o que tem de fazer
Estado de ânimo	Flexível
O sujeito	Cria, inventa
Mecanismo	Luta & luto
Forma de passividade	Não há
Esperança	Matizada
Personagem	São francisco

Quadro 8: Principais características da posição enfrentamento

A esperança

A esperança não é uma posição na órbita da doença, ela é, isto sim, o fio que sustenta e conecta as quatro posições, conforme ilustrado na figura abaixo. Ela sempre está presente, sempre, até no último instante. A esperança é um fator que se repete em todas as posições, pode até ter uma "cara" diferente ou vir disfarçada, mas ela está lá. Na negação é do tipo exagerada, na revolta querelante, exigente, na depressão mínima, quase nada, e no enfrentamento matizada pelo real.

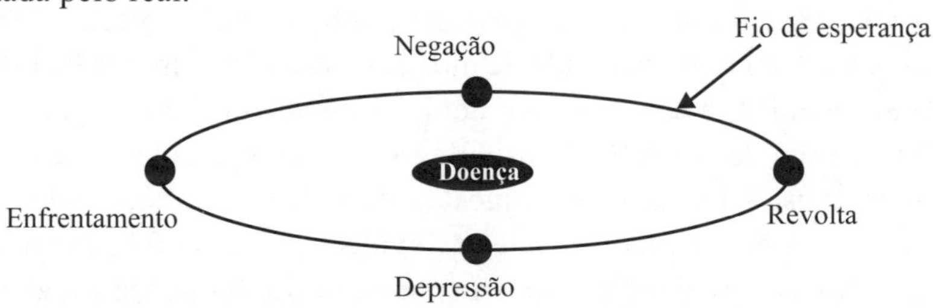

Figura 5: A esperança

Kubler-Ross (1989) enfatiza esta questão: "Qualquer que fosse o estágio da doença, quaisquer que fossem os mecanismos de aceitação utilizados, todos os nossos pacientes mantiveram, até o ultimo instante, alguma forma de esperança. Aqueles que foram informados do diagnóstico fatal sem perspectivas de saída, sem um vislumbre de esperança, reagiram da pior maneira possível e jamais se reconciliaram totalmente com a pessoa que lhes dera a notícia de modo tão cruel. No que tange a nossos pacientes, todos guardaram alguma esperança, e é bom que nos lembremos disso. Essa esperança pode vir sob a forma de uma nova descoberta, de um novo achado em pesquisa de laboratório, ou sob a forma de uma nova droga ou soro; pode vir como um milagre de deus, ou pela constatação de que a radiografia ou o quadro clínico pertence a outro paciente. E essa esperança deve ser mantida, não importando a forma como o seja."

A angústia

Definimos as posições como formas de reagir a uma doença, mas agora é momento de aprofundar um pouco mais essa questão. Ao que exatamente reagimos? Qual o "caroço"? Qual o núcleo da doença? O que a doença tem de pior? O senso comum dirá que é a possibilidade da morte, que isto é o que de pior pode acontecer na doença, mas o suicídio de muitos pacientes desenganados vai nos mostrar que não. Esses pacientes usam a morte para evitar alguma outra coisa, e que coisa há de ser essa pior que a morte? É a dor e a angústia que também estão presentes em doenças sem risco iminente de morte. Essa questão merece muito mais estudos, mas o objetivo aqui é apontar o tema da angústia como foco do trabalho do psicólogo hospitalar diante da pessoa adoentada, e não apenas a questão da vida ou morte, saúde ou doença. A doença tem o poder de evidenciar nossa frágil condição existencial, condição incerta por natureza. A doença vai além da doença, e o psicólogo deve ir junto.

DIAGNÓSTICO REACIONAL EIXO I				
POSIÇÃO / CATEGORIA	NEGAÇÃO	REVOLTA	DEPRESSÃO	ENFRENTAMENTO
SOLUÇÃO TENTADA	Mágica	Impulsiva	Narcísica	Realista
EMOÇÃO PREDOMINANTE	Alegria	Raiva	Tristeza	Todas
EMOÇÃO EVITADA	Medo	Tristeza	Raiva	Nenhuma
PENSAMENTO	Onipotência	Injustiça	Impotência	Potência
COMPORTAMENTO	Adiamento	Agitação	Paralisia	Efetivo
ESTADO DE ÂNIMO	Irritado Angustiado	Estressado Solitário	Sem graça Faz por fazer	Flexível
O SUJEITO	Insiste	Resiste	Desiste	Inventa
MECANISMO	Projeção	Luta	Luto	Luta & Luto
FORMA DE PASSIVIDADE	Nega o Problema	Não muda o Problema	Nada faz	Nenhuma
ESPERANÇA	Exagerada	Querelante	Minimizada	Matizada
PERSONAGEM	Sidarta	Dom Quixote	Estudante	São Francisco

Quadro 9: Características principais do diagnóstico reacional

Eixo II — Diagnóstico Médico

O diagnóstico médico em psicologia hospitalar é um resumo da situação clínica do paciente e deve incluir, idealmente, as seguintes informações: o nome da doença, sua condição aguda ou crônica, os sintomas principais, o tratamento proposto, a medicação em uso, a aderência ao tratamento, o prognóstico, o risco de contágio e o nível de proteção requerido, além das comorbidades.

Para obter essas informações o psicólogo pode consultar o prontuário médico do paciente ou fazer perguntas à equipe médica, ou para a enfermagem, ou ainda diretamente ao paciente, e nesse último caso vale mencionar que conversar com o paciente sobre tais coisas pode ser bastante útil, pode funcionar como uma espécie de "quebra-gelo" antes da focalização de assuntos de caráter mais psicológico que requeiram a existência de um bom vínculo interpessoal. Pode ser uma ótima técnica começar a entrevista por essas questões mais objetivas, com o cuidado não transformar a conversa em um interrogatório.

O psicólogo não precisa ficar constrangido ao consultar o prontuário do paciente, pois na condição de membro da equipe de saúde que cuida do paciente, ele tem livre acesso a esse documento, e até mesmo deve nele registrar sua avaliação psicológica, tanto para documentá-la como para dar ciência ao resto da equipe.

O nome da doença é um aspecto bastante complicado em medicina. Uma doença pode ter vários nomes, pode ser designada pelo seu nome popular, ou pelo seu nome científico, pelo nome da síndrome correspondente, por meio de uma sigla, de uma abreviatura, ou ainda por meio de um código. Qualquer um desses nomes serve ao propósito do diagnostico médico em psicologia hospitalar. O que realmente importa é o poder de comunicar a natureza da afecção orgânica que motivou a internação do paciente, e não sua precisão científica.

Síndrome é um nome genérico que abrange várias doenças específicas. Síndrome neoplásica, por exemplo, designa os quadros que se caracterizam pela presença de um tumor e incluem todos os tipos de câncer. Assim, um paciente pode receber o diagnóstico de síndrome neoplásica ou então hepatocarcinoma (tumor de fígado), ambos corretos.

Numa tentativa de abrandar o caos terminológico reinante na medicina foi elaborada uma Classificação Internacional de Doenças conhecida pela sua sigla CID-10. O número 10 indica que a versão atual é a décima revisão. Esse sistema classificatório designa cada doença por meio de uma letra e de um número, a letra dizendo a que grupo a doença pertence, e o número especificando a doença. Vejamos alguns exemplos: G40 é o código para epilepsia, onde G representa o grupo das doenças neurológicas e o número 40 especifica epilepsia. Assim, todo código começando com G designa alguma doença neurológica. G45 é o código para AVC (derrame cerebral). A letra F representa o grupo das doenças mentais em que F4l é transtorno do pânico e F32 é depressão. Não é necessário decorar esses códigos, pois todos os hospitais possuem o livro que relaciona todos eles e que é de fácil manuseio.

Uma doença aguda é aquela de início súbito e com pouco tempo de evolução, e a doença crônica é a que já se arrasta a um bom tempo, geralmente mais de seis meses. O AVC, por exemplo, é uma doença aguda que pode se transformar em crônica, o diabetes geralmente é uma doença crônica. Essa distinção é importante em psicologia hospitalar porque tanto o inesperado de uma doença aguda como o prolongamento de uma doença crônica geram aspectos psicológicos bem distintos, e ao psicólogo cabe manejá-los. Por exemplo, o paciente portador de HAS geralmente tem problemas para seguir a risca a prescrição dos medicamentos, seja por esquecimentos ou por revolta contra os efeitos colaterais. Já o paciente que vai ser submetido a uma cirurgia devido a uma crise aguda de apendicite não teve tempo para organizar seus compromissos, perdeu sua autonomia de forma abrupta, fatos que podem gerar muita ansiedade.

Sintomas são os sinais por meio dos quais a doença se manifesta, tais como dor, inflamação, hemorragia, vômito, dificuldade para andar, febre, etc. Conhecer os principais sintomas da doença do paciente ajuda a compreender as dificuldades que ele está enfrentando, o que não é sem importância no tratamento psicológico.

No item tratamento proposto importa saber se o paciente foi internado para tratamento clínico ou se vai se submeter a uma cirurgia, ou ainda, se terá de fazer algum exame mais complicado. Uma cirurgia implica anestesia e muitas vezes um período na UTI, tudo isso com inegáveis repercussões psicológicas (Sebastiani, 2000). Já um tratamento clínico, se não implica riscos imediatos, pode ter significados ainda mais dramáticos, como é justamente o caso do paciente considerado "inop" (abreviação de inoperável) justamente porque, em razão da gravidade de sua doença, uma cirurgia não teria chances de sucesso terapêutico.

A programação terapêutica pode fornecer uma idéia do tempo de duração da internação, informação esta que orienta o psicólogo no estabelecimento de sua estratégia terapêutica. Atender um paciente que terá alta hospitalar dentro de dois ou três dias é algo bem diferente de atender um paciente que permanecerá internado por várias semanas (Angerami, 1984).

A medicação em uso pelo paciente é tema de cardeal importância no atendimento psicológico, e por isso mesmo será tratado com mais profundidade no apêndice inserido ao final do livro, denominado "o mapa dos remédios".

Aderência é um termo que traduz em que medida o paciente aceita e cumpre as recomendações médicas, não só em termos da medicação mas também no que se refere a dietas, hábitos e exames. No hospital a baixa aderência ao tratamento, quando não sua total recusa, é a situação que com mais freqüência demanda a atenção do psicólogo. É o caso do paciente que não aceita tomar o remédio, que se recusa a fazer uma cirurgia recomendada, que fuma escondido, que não quer ficar preso ao leito, e tantas outras rebeldias.

Prognóstico é a previsão que a medicina faz sobre a evolução de um determinado caso com base nas características da doença e por comparação estatística com outros casos semelhantes. Prognóstico favorável significa que provavelmente o caso evoluirá bem e que o paciente ficará curado, enquanto "prognóstico reservado" quer dizer que as chances não são muito boas, já "prognóstico fechado" aponta para um caso sem chances de recuperação.

Risco de contágio define as condições em que a doença do paciente pode ser transmitida a outra pessoa, e portanto obriga a uma série de medidas de proteção. A título de exemplo vejamos a tuberculose, doença que em sua fase inicial pode ser transmitida por meio de gotículas de saliva lançadas no ar quando o paciente tosse. O atendimento psicológico desse paciente deve ser realizado com o psicólogo hospitalar usando máscara cirúrgica, mesmo que isso atrapalhe a construção do vínculo entre o psicólogo e o paciente. Cada doença tem um risco de contágio diferente, e também existem diferentes formas de proteção: máscara, luvas, o evitar de contato com fluídos orgânico, etc. Para uma orientação quanto a isso o psicólogo deve estabelecer como regra consultar o prontuário do paciente e conversar com a enfermagem antes de toda primeira entrevista com o paciente hospitalizado, além de familiarizar-se com o significado daquelas placas penduradas na porta dos quartos que informam sobre os risco de contaminação (Romano, 1999).

Comorbidade é a existência simultânea de outra doença além daquela considerada principal e que motivou a internação do paciente. Um paciente internado para se submeter a uma cirurgia cardíaca pode ser também diabético, ou um paciente com problemas renais pode ser ao mesmo tempo asmático. A comorbidade é um fator de complicação do ponto de vista médico, e em relação à psicologia hospitalar ela vem a ser um elemento a mais no conjunto de vivências do paciente.

DIAGNÓSTICO MÉDICO EIXO II
Doença: Aguda/crônica Sintomas Tratamento clínico/cirúrgico Programação terapêutica Medicação Aderência Prognóstico Risco de contaminação Medida de proteção

Quadro 10: Principais itens do diagnóstico médico

Eixo III — Diagnóstico Situacional

O diagnóstico situacional em psicologia hospitalar constrói uma visão panorâmica da vida do paciente, enfatizando as áreas não diretamente relacionadas a doença, mas que a influenciam e são por ela influenciadas, a saber: vida psíquica, vida social vida cultural, e dimensão corporal. O diagrama abaixo esquematiza esses vários aspectos.

Situação Vita Desencadeante (SVD)
Ganho Secundário (GS)
Figuras (FG)

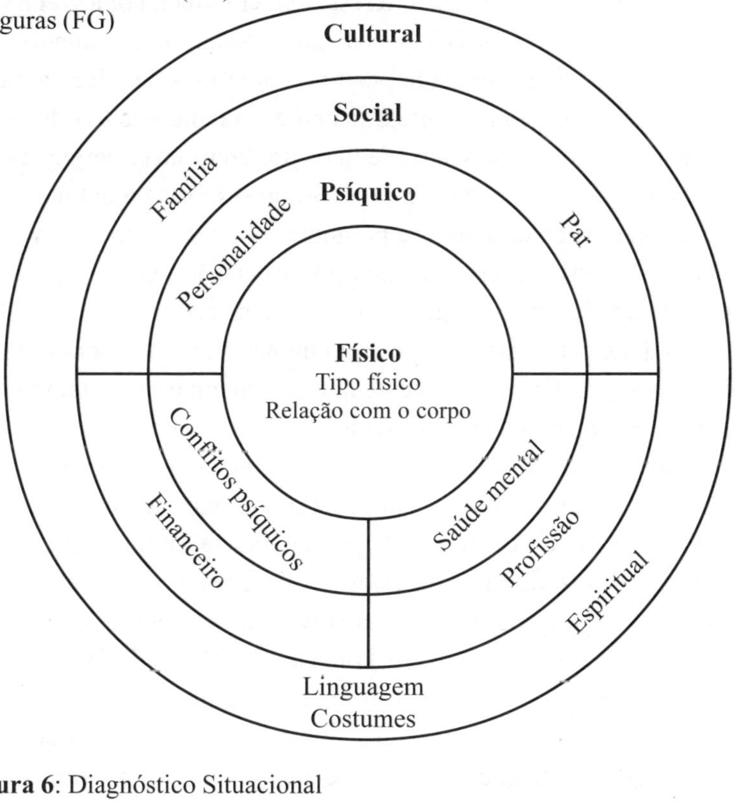

Figura 6: Diagnóstico Situacional

Esse tipo de diagnóstico representa um avanço da psicologia hospitalar em relação a medicina, e procura dar conta, da melhor forma possível, da enorme tarefa que é tratar o paciente "como um todo". A medicina diagnostica e trata a doença da pessoa, a psicologia hospitalar diagnostica e trata a pessoa na doença.

O diagnóstico reacional (eixo I) focaliza a posição que a pessoa assume em relação a doença, o diagnóstico médico (eixo II) especifica como é essa doença do ponto de vista orgânico, e o diagnóstico situacional (eixo III) abre-se para a amplitude da vida da pessoa. Os médicos costumam dizer que seu trabalho é "salvar vidas", e não deixa de ser irônico o fato de muitas vezes não terem tempo para saber, ou não se interessarem em saber, como vai a vida do paciente. Querem salvá-la, mas não prestam muita atenção em como ela é. Isso tem seu lado positivo em termos de eficácia médica, mas não basta ao paciente que começa falando de sua doença e termina falando de sua vida. Médicos preferem fazer perguntas objetivas, tais como "onde dói?", e esperam respostas igualmente objetivas. Já o psicólogo prefere perguntas abertas do tipo "como vão as coisas?" e espera respostas do tipo associação livre, porque essas evidenciam melhor o psiquismo dos pacientes.

O diagnóstico situacional é um mapeamento dos pontos e problemas na vida diária do paciente que dificultam o enfrentamento da doença, e também dos pontos de apoio que ajudam nesse processo. Ele identifica as situações relevantes, mas não se trata de uma análise completa e exaustiva da vida da pessoa, nem de uma biografia, nem de um estudo completo da personalidade, muito menos é um relato minucioso de sua vida amorosa, financeira e espiritual. Trata-se de um diagnóstico, e como tal serve para orientar a terapêutica. Por tudo isso deve ser objetivo, conciso, e redigido de forma positiva, anotando-se a presença dos problemas, e não a sua ausência. Se um paciente tem problemas financeiros importantes, isso deve ser mencionado no diagnostico, mas se ele não tem tal problema também não é o caso de mencionar "ele não tem problemas financeiros". Aponta-se a existência do problema, não sua ausência.

O físico

Este primeiro nível do diagnóstico situacional avalia a constituição física da pessoa e a relação que ela tem com seu próprio corpo. Do ponto de vista da constituição importa notar variações extremas tais como obesidade, magreza extrema, anomalias anatômicas ou características muito evidentes. A relação da pessoa com seu corpo torna-se evidente nos cuidados de higiene, na forma de se vestir e na maneira como ela se refere verbalmente a seu corpo. Cabe ressaltar que a condição física do paciente relacionada diretamente a doença deve ser anotada no diagnóstico médico (EIXO II) e não aqui.

Vida psíquica

Este item identifica os principais traços de personalidade, possíveis conflitos psicodinâmico e eventuais doenças mentais. A personalidade é o conjunto de disposições psicofísicas que conferem ao indivíduo um padrão tanto de funcionamento psíquico como de relacionamento interpessoal, e é mais bem expresso em termos de traços como impulsivo, afetuoso, introspectivo, crítico, reflexivo, e tantos outros mais. Não existe uma lista definitiva de traços de personalidade, devendo o psicólogo hospitalar trabalhar com aqueles com que estiver mais familiarizado, ou seja: cada psicólogo deve descrever a personalidade do paciente nos termos da teoria psicológica em que ele tem formação mais consistente.

A personalidade de uma pessoa influencia muito a maneira como ela enfrenta a doença. Entretanto, o estudo de Elizabeth Kubler-Ross (1989) não estabelece uma correlação direta entre um tipo de personalidade a um tipo específico de reação. O que se observa é que o tipo de personalidade e o tipo de reação à doença combinam-se em diferentes variações.

No sentido inverso pode-se formular que a doença influi na personalidade, realçando ou atenuando certos traços já existentes, mas muito raramente produz uma verdadeira mudança de personalidade.

Alguns estudos em psicologia hospitalar procuram determinar um perfil psicológico para cada doença. O mais famoso deles é o que abordou a personalidade dos pacientes com problemas coronarianos, e o resultado constatou que a maior parte se constituía de pessoas competitivas, agressivas na profissão, e com alto nível de estresse, funcionando segundo um padrão "mais e mais em menos e menos", isto é, mais e mais dinheiro em menos e menos tempo, mais e mais sucesso com menos e menos esforço, etc. (Melo, 1992). Entretanto, essa linha de pesquisa não tem alcançado resultados muito significativos em outras patologias. Pessoas com diferentes personalidades adoecem de câncer, pessoas com diferentes temperamentos apresentam problemas hepáticos e não só aquelas que, em tese, reprimem sua raiva.

Na avaliação psicodinâmica devem ser anotados, se existirem de modo evidente, os conflitos psíquicos. Dois exemplos: uma senhora internada devido a uma crise hipertensiva insiste em falar, durante a entrevista com o psicólogo, sobre sua culpa por ter se dedicado mais a profissão do que aos cuidados com os filhos. A culpa é anterior a internação e parece estar ligada a um conflito relacionado a seu papel profissional e materno. Outro caso: um jovem internado para tratamento de um fratura de fêmur resultante de uma queda de motocicleta reafirma várias vezes, sem que tenha sido questionado sobre isso, sua masculinidade. Diz que é claro que não é homossexual, mas teme que seus amigos possam pensar o contrário, ainda mais agora, que teve de ficar no hospital. "E se eles pensarem que foi por causa de alguma coisa de aids?" O que se evidencia aqui é algum conflito na área da identidade sexual.

O diagnóstico quanto à saúde mental visa identificar alterações psicopatológicas atuais, bem como fazer uma investigação sumária sobre a história psiquiátrica do paciente. O psicólogo hospitalar é, antes de mais nada, um psicólogo, e como tal é o especialista em saúde mental da equipe multidisciplinar, razão pela qual é sua responsabilidade, em todos os casos que vier a atender, considerar a hipótese de uma patologia mental. Nesse campo existem três situações bastante freqüentes. A primeira é o caso do paciente psiquiátrico que vem a adoecer fisicamente, a segunda é o paciente sem histórico psiquiátrico que passa a apresentar alguma psicopatologia em razão de causas orgânicas, e por último o paciente com sintomas físicos em razão de conflitos psíquicos.

Os pacientes portadores de doença mental podem contrair alguma doença orgânica e por causa disso serem internados em um hospital geral. Essa é uma situação potencialmente perigosa porque se a doença mental passar despercebida pela equipe médica, porque não é muito evidente, ou porque o quadro orgânico é tão emergencial que não sobra tempo para se preocupar com o aspecto psiquiátrico, o que acontece em seguida é que o uso da medicação psiquiátrica é interrompido, e poucos dias depois o paciente apresenta uma recaída no problema psiquiátrico, assim confundindo a todos, já que aquele quadro orgânico não costuma evoluir com esse tipo de sintoma. Nessas situações é costumeiro chamar o psicólogo hospitalar para uma avaliação, e ele então não deve esquecer de investigar o passado psiquiátrico do paciente. Se um médico esquece esse ponto já é uma falha, mas se o psicólogo da equipe também se esquece disso, a falha é ainda mais grave, pois, afinal de contas, trata-se de um problema no campo em que o psicólogo é considerado, *a priori*, um especialista.

Uma investigação sobre a história psiquiátrica pode ser feita por meio de poucas perguntas ao paciente ou familiares: "Já teve isso antes?", "toma algum remédio psiquiátrico?", "já fez tratamento psiquiátrico alguma vez?". Aqui estamos falando de doenças mentais no sentido pleno do termo, tais como esquizofrenia, transtorno bipolar do humor, depressão maior, anorexia, tentativas de suicídio, etc.

Quando pacientes que nunca tiveram problemas psiquiátricos começam a apresentar sintomas psíquicos no decorrer da internação, a primeira hipótese a ser investigada é a de que tal se deva a causas orgânicas ou medicamentosas. Algumas doenças físicas atacam primariamente o sistema nervoso central provocando sintomas psíquicos. Eis as principais: tumor no cérebro, infecção pelo vírus da sífilis ou do HIV, epilepsia, derrame cerebral (AVC), doenças degenerativas como Parkinson ou Alzeimher, traumas cranianos. Já outras doenças sistêmicas atacam secundariamente o sistema nervoso central, também provocando sintomas psíquicos. As mais comuns são alterações da tireóide, insuficiência hepática levando a encefalopatia metabólica, síndrome paraneoplásica, septicemias, lupus, febres de origem diversas, e muitas outras. Diante de um quadro psiquiátrico com essas características de inicio súbito e ausência de histórico psiquiátrico, o psicólogo hospitalar deve certificar-se, com a equipe médica, de que foram afastadas as causas orgânicas antes de assumir o caso como sendo de fundo psicológico.

Vários remédios de uso comum na clínica médica podem provocar ou agravar sintomas psíquicos. Esse tema será abordado mais adiante no apêndice denominado "o mapa dos remédios".

O problema dos dependentes químicos também se insere nesse grupo de casos psiquiátricos de causa orgânica. Esses pacientes costumam apresentar problemas psiquiátricos em duas situações: durante um episódio de uso abusivo da droga (intoxicação), ou na síndrome de abstinência, que é um quadro que se instala logo após a interrupção repentina do consumo em pacientes cronicamente dependentes. A situação mais freqüente é, de longe, a da síndrome de abstinência por álcool. Muitos dependentes de álcool, quando internados por algum problema de saúde, são levados a interromper o padrão habitual de consumo da drogas e passam a apresentar irritabilidade, ilusões, alucinações, alterações no nível de consciência, tremor, agitação psicomotora e desorientação, além de pensamento delirante. É um quadro agudo e potencialmente perigoso para a vida, e por isso exige atenção médica de urgência. Apenas quando a situação se estabiliza é que se apresentam as condições para um atendimento psicológico.

Em razão da alta prevalência dos transtornos psiquiátricos motivados pelo uso de substâncias químicas em nossa sociedade, o psicólogo não pode se esquecer de incluir esse item em sua avaliação, mesmo nos casos de idosos.

Conforme o mencionado acima, além dos pacientes psiquiátricos e dos quadros orgânicos com manifestações psíquicas, existem ainda os quadros ditos "neuróticos", que mimetizam sintomas de doenças orgânicas e são muito freqüentes nas salas dos pronto-socorros. Geralmente esses pacientes procuram o pronto-socorro com queixas de que estão morrendo, de que estão tendo um ataque do coração, ou então chegam desmaiados com relatos, por parte dos familiares, de que sofreram uma convulsão. Após o atendimento médico de emergência, que via de regra nada encontra de orgânico, o paciente é medicado com um calmante e dispensado com frase do tipo "você não tem nada ", ou "isso é emocional". Esses pacientes costumam receber inúmeros diagnósticos, tais como síndrome conversiva, histeria, síndrome do pânico, distúrbio neurovegetativo (DNV), além de outros rótulos jocosos como "xilique" ou "piripaque". Nesses casos, cabe ao psicólogo fazer o diagnóstico correto e providenciar encaminhamento para tratamento adequado. Não é verdade que o paciente "não tem nada". Ele tem sim; acontece que o problema que ele tem não aparece em nenhum exame. Ele tem um transtorno de ansiedade que chega mesmo a constar na CID 10 (Classificação Internacional de Doenças).

Talvez o psicólogo hospitalar possa pensar, em relação a esse campo das doenças mentais coisas do tipo: "eu sou psicólogo hospitalar, não escolhi trabalhar com paciente psiquiátricos". Não existe tal coisa. Como dissemos, o psicólogo hospitalar é antes um psicólogo, e como tal está implicado, por definição, no campo da saúde mental. E ainda mais, na maioria dos hospitais brasileiros não há um psiquiatra de plantão, e por isso, diante das primeiras manifestações psicopatológicas, a equipe médica fará a seguinte recomendação: "chama o psicólogo para ver esse paciente". O psicólogo será chamado, e espera-se que ele se mostre capaz de fazer uma triagem psiquiátrica adequada, assumir o caso ou proceder ao encaminhamento apropriado. Considerando que para realizar tal tarefa o psicólogo precisa dominar minimamente as questões básicas da psicopatologia, passemos em revista os sintomas psiquiátricos mais freqüentes no hospital geral (Kaplan & Sadock, 1997).

CONSCIÊNCIA

Delirium	=	Flutuação no nível de consciência acompanhada de confusão, desorientação, ansiedade, agitação, podendo estar associada com delírios e alucinações. Sempre tem causa orgânica. (Não é a mesma coisa que delírio.)
Delirium tremens	=	Delirium que surge como agravamento da síndrome de abstinência do álcool.
Confusão	=	Diminuição do nível de consciência com conseqüente perda da capacidade de identificar e reconhecer com clareza as pessoas, lugares e situações.
Desorientação	=	Perturbação na capacidade de situar-se adequadamente em relação ao tempo, aos lugares, e a si mesmo.
Sedação	=	Sonolência anormal vista mais comumente nos processos orgânicos, ou por efeito de psicotrópicos.
Estupor	=	Ausência de resposta a estímulos externos.
Coma	=	Grau profundo de inconsciência.
Coma vigil	=	Coma no qual os olhos do paciente estão abertos
Distratibilidade	=	Incapacidade para concentrar a atenção, que é facilmente desviada para estímulos sem importância ou irrelevantes.
Desatenção seletiva	=	Bloqueio somente dos temas que geram ansiedade.

PERCEPÇÃO E MEMÓRIA

Alucinação = Percepção na ausência de estímulo sensorial (percepção sem objeto), podendo ser visual, auditiva, olfativa, gustativa ou cinestésica, e só indica psicose se o teste de realidade estiver comprometido.

Alucinose = Alucinação, mais comumente auditiva, associada ao abuso crônico do álcool e ocorrendo sem diminuição do nível de consciência.

Ilusão = Percepção falsa, ou deformada, de um objeto real e presente.

Amnésia = Incapacidade total ou parcial para recordar experiências passadas, podendo ter origem orgânica ou emocional.

Confabulação= Preenchimento inconsciente de lacunas na memória por experiências imaginadas ou falsas, nas quais o paciente crê sem ter base sólida.

EMOÇÃO E PENSAMENTO

Delírio = Pensamento falso, acompanhado de convicção extraordinária e que não pode ser corrigido pela argumentação nem pelo teste de realidade, podendo ter vários conteúdos como culpa, ciúme, perseguição, grandeza, etc.
(não é a mesma coisa que delirium)

Labilidade emocional	=	Mudanças bruscas no tom emocional sem relação com estímulos externos.
Disforia	=	Estado de ânimo desagradável e muito irritável, facilmente chegando à raiva.
Depressão	=	Estado cujos sentimentos apresentam tonalidade afetiva negativa, com tristeza, falta de prazer, falta de energia, perda de interesse,mal-estar, desamparo e angústia, com vivências ligadas a perdas, morte e fracasso.
Euforia	=	Sentimento de bem estar intenso com expansibilidade efetiva e sentimento de grandeza.
Alextimia	=	Incapacidade ou dificuldade para descrever ou conscientizar-se das próprias emoções.
Ansiedade	=	Angústia ou ansiedade é um estado de medo, tormentoso e indeterminado direcionado ao futuro, exagerado em relação, aos estímulos e com alterações somáticas.
Ambivalência	=	Coexistência simultânea de dois impulsos opostos com relação a mesma coisa ou pessoa.
Hipocondria	=	Relação angustiosa com o próprio corpo caracterizada por temores de estar, ou vir a estar, doente sem fundamentos objetivos.
Somatização	=	Desenvolvimento de sintomas físicos não explicados por distúrbios orgânicos e atribuídos a sentimentos reprimidos.

OUTROS

Psicose = Alucinação e delírio com a criação de uma nova realidade.

Lamúria = Propensão para lamentações.

Prolixidade = Fala que não distingue o essencial do acessório e tende a perder-se em detalhes sem importância.

Afasia = Perturbação na linguagem sem problemas de articulação.

Anorexia = Perda ou diminuição do apetite.

Insônia = Falta ou redução da capacidade para o sono.

Tiques = Movimentos motores involuntários e espasmódicos.

Negativismo = Resistência, isenta de motivação, a todas as tentativas de movimentação ou a instruções dadas.

Mutismo = Falta de produção da fala sem anormalidades orgânicas.

Sonambulismo = Atividade motora durante o sono.

Demência = Declínio das funções cognitivas (memória, linguagem, raciocínio) havendo comprometimento das atividades da vida diária.

Suicidalidade = Tendência suicida, idéias de autodestruição e desejo de morrer.

Para finalizar essa revisão em psicopatologia, propomos a seguir um algoritmo para triagem psiquiátrica sumaria. Algoritmo é uma forma lógica para resolução de problemas, e aqui neste caso é uma seqüência de passos para orientar o trabalho de identificar a presença de doenças mentais. Este algoritmo baseia-se no capítulo sobre doenças mentais da "Classificação Internacional de Doenças" (CID 10).

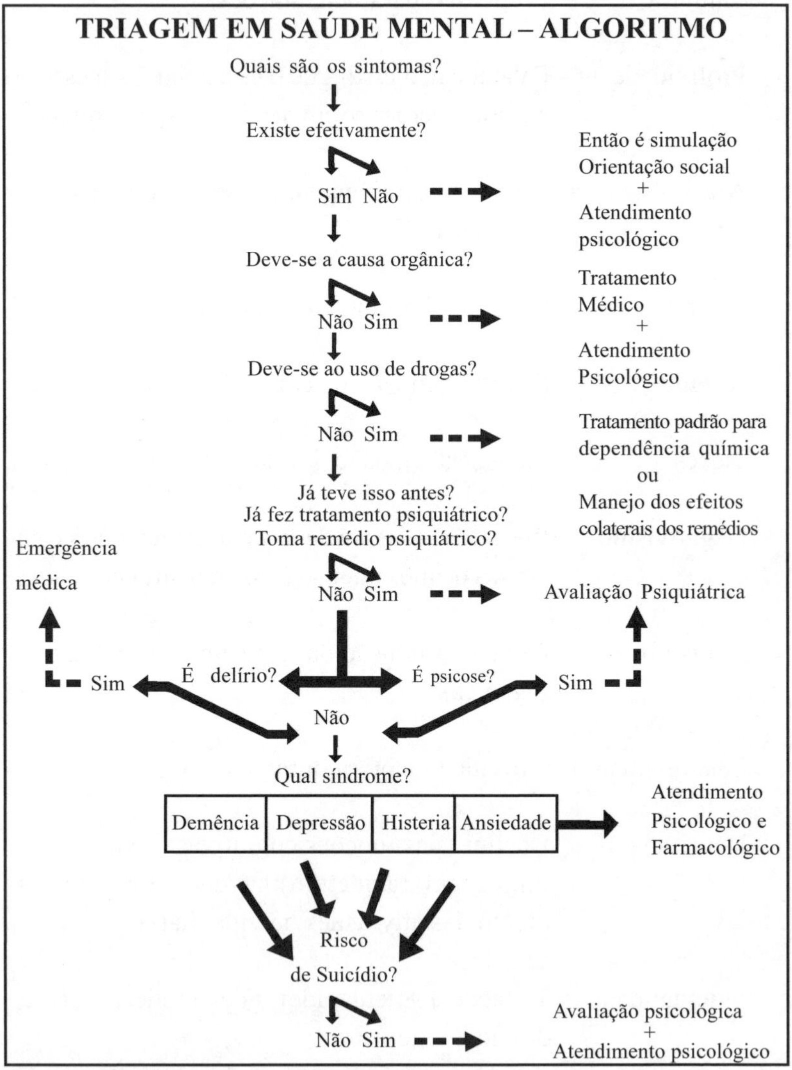

Quadro 11: Triagem em saúde mental

Vida social

Por vida social entendemos a rede de relacionamentos interpessoais que caracterizam o dia-a-dia da pessoa, e para maior clareza vamos dividi-la em quatro áreas: par, família, financeira e profissional. O objetivo do diagnóstico é identificar em cada área uma situação vital desencadeante SVD, o ganho secundário GS, as figuras vitais FV, conforme ilustrado na figura abaixo.

Situação Vita Desencadeante (SVD)
Ganho Secundário (GS)
Figuras (FG)

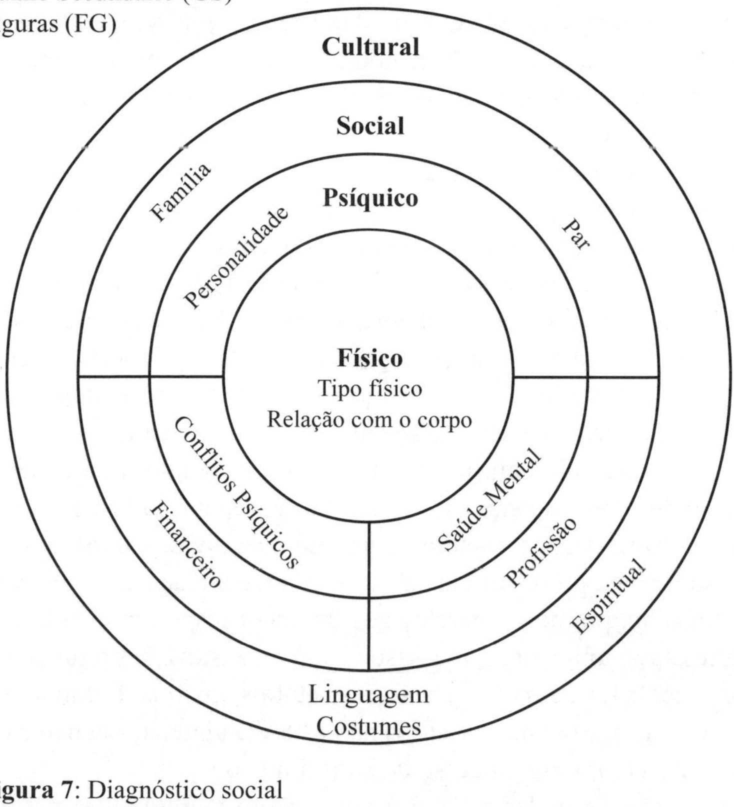

Figura 7: Diagnóstico social

Situação vital desencadeante SVD é qualquer acontecimento na vida do sujeito que, ao lhe apresentar uma exigência quanto a posicionamento social ou quanto a trabalho psíquico, cria um estresse que, somado a uma presumível predisposição biológica, coloca em andamento o processo de adoecimento. Em geral são situações temidas e percebidas como negativas, também podendo se dar com situações percebidas como positivas e até desejadas. Não é a causa da doença, mas uma situação que desencadeia uma doença. Supõe-se que o estresse dessas situações altere várias funções fisiológicas, até mesmo o sistema imunológico, precipitando o adoecimento (Sebastiani, 1996). A pessoa pode ou não relacionar a situação com sua doença, e geralmente só estabelece esse nexo após alguma elaboração psíquica, ainda que muitas vezes negue veementemente qualquer ligação. A relação temporal da situação com o início dos sintomas pode ser imediata ou pode estar separada por um período de tempo prolongado.

A SVD (situação vital desencadeante) não é a causa da doença, mas sim um precipitador. Aliás, essa questão da causa das doenças é um tópico bastante intrincado em medicina, existindo mesmo um sem-número de doenças das quais a medicina não conhece a causa, mas é capaz de curá-las. Também a psicologia hospitalar não precisa determinar a causa da doença para cuidar dela psicologicamente. Alguns exemplos de SVD: separação amorosa, traição conjugal, gravidez indesejada, aborto, casamento próximo, falecimento de alguma pessoa querida, conflitos familiares, filhos saindo de casa, nascimento de filhos, doença grave na família, separação dos pais, mudança de cidade, aposentadoria, desemprego, dívidas, trabalho muito estressante, problemas legais, saída da faculdade para o mercado de trabalho, promoção para cargos de maior responsabilidade, acidentes automobilísticos, recessão econômica, situações traumáticas como seqüestro, assalto, catástrofes naturais, guerras. É importante mencionar que em muitos casos não há SVD alguma. Ela não é um fator obrigatório no processo de adoecimento.

Ganho secundário GS é um privilégio que a pessoa passa a desfrutar após ficar doente, e pode ser de ordem material, afetiva, ou psicológica. Funciona como reforço positivo para a manutenção da doença, razão pela qual deve ser levado em conta em qualquer esforço terapêutico. A condição de doente implica, por lei, uma série de benefícios no campo profissional e financeiro. Por exemplo, a pessoa pode se ausentar do trabalho sem ter o dia descontado, pode permanecer afastada durante longos períodos para tratamento e continua recebendo o salário, e finalmente, a depender da gravidade da doença, pode até se aposentar. Pessoas que passaram longo tempo afastadas do trabalho geralmente sentem receio de voltar à ativa abandonando sua condição de doente (Melo, 1992).

Do ponto de vista afetivo a pessoa adoentada passa a ser alvo de carinho e atenção por parte da família e dos amigos. No sentido psicológico a doença pode, por exemplo, atenuar as auto-exigências, transformando-se em uma saída para explicar, para si próprio e para os outros, suas eventuais dificuldades pessoais. Segundo Moretto (2001), "existem casos em que é evidente que uma doença acidental mais ou menos grave, sobrevinda abruptamente na vida de uma pessoa, transforma suas relações com o mundo de forma bastante favorável para ela mesma, chegando a fazer com que desapareçam, pelo menos temporariamente, graves manifestações neuróticas ou psicóticas, funcionando muitas vezes como solução medíocre, talvez, mas tranqüilizadora para conflitos psíquicos insuperáveis."

Além da SVD e do GS existem muitas outras situações e pessoas, nas quatro áreas, que o paciente considera como importantes em sua vida. Denominamos essas situações e pessoas "figuras vitais FV" e as classificamos em positivas ou negativas à medida que são vivenciadas como problemas ou como fonte de energia ou motivação pelo paciente. Às vezes um paciente pode estar enfrentado dificuldades de relacionamento, por exemplo, com um filho e embora isso não seja uma SVD, ele se sentirá melhor se puder abordar esse assunto que o está incomodando. Essa seria uma figura negativa. Agora, um exemplo de figura positiva: algumas pessoas consideram seu trabalho e sua profissão como uma das coisas mais importantes em sua vida e, longe de isto ser um problema, constitui-se até em motivação para uma cura mais rápida.

Identificar tais figuras auxilia o trabalho do psicólogo, porque fornece temas interessantes para manter a conversação fluindo, porque humaniza o tratamento, porque favorece a construção do vínculo com o paciente e porque abre espaço, via associação livre, para o surgimento de temas mais "quentes" em relação a doença, e, o mais importante, porque cria no paciente a sensação de estar sendo escutado, coisa que por si só já é terapêutica.

Vida cultural

O diagnóstico, da dimensão cultural, visa identificar elementos culturais relacionados ao adoecimento à medida que esses se evidenciam no discurso e no comportamento do paciente. Não se trata de proceder a uma análise antropológica da cultura em que está inserido o paciente, bastando reconhecer e validar a presença dos elementos que surgirem de forma espontânea na conversa. Na psicologia hospitalar os elementos culturais mais proeminentes são a religião, a medicina popular, a linguagem e a questão social.

Se o paciente possui uma crença religiosa, provavelmente já está acostumado a buscar na fé uma forma privilegiada de enfrentamento das situações difíceis da vida, e o fará também em relação à doença (Savioli, 2002). Mesmo as pessoas que não costumam ter uma prática religiosa regular também recorrerão a fé no momento do adoecimento; afinal a doença, na condição de situação-limite, mobiliza no ser humano forças muito primitivas, tais como a crença em uma dimensão espiritual que transcende as condições materiais e científicas.

A fé é uma força que age no sentido da cura e do enfrentamento da doença, e não costuma ser um problema na psicologia hospitalar. Entretanto, existem duas situações em que a religião passa a ser um agravante no processo de adoecimento. Isso se dá quando o paciente interpreta a doença como um castigo divino e mergulha em um sentimento de culpa e depressão, e quando entende que procurar recursos na medicina seria um sinal de pouca fé, passando a recusar tratamento. Dois exemplos desse último caso: o paciente que recusa remédios psiquiátricos porque entende que o mal é espiritual, e aquele que devido a preceitos dogmáticos não aceita uma transfusão sangüínea em uma cirurgia de grande porte. O primeiro caso pode ser abordado pela elaboração psíquica com ajuda do psicólogo hospitalar. Já o segundo exige manejo mais complexo, por envolver questões médico-legais.

A psicologia hospitalar tal como é praticada atualmente se insere na medicina científica que é o modelo dominante nos hospitais, mas muitas vezes o paciente que essa psicologia hospitalar atende é oriundo de um segmento cultural em que a medicina popular é bastante presente e influente. Conceituamos medicina popular como um conjunto de crenças sobre doença e de formas tradicionais de tratamento que se caracterizam pelo empirismo, misticismo e uso de remédios naturais. Essa medicina se distingue da medicina moderna, que é científica, experimental e racional (Laplantine, 1999).

O psicólogo hospitalar não precisa aderir à cultura do paciente; basta que mantenha uma postura aberta, inclusiva, capaz de levar em conta os valores culturais do paciente, reconhecendo a importância desses valores no processo de adoecimento.

Nessa mesma linha de diferenças culturais insere-se também a questão da linguagem, devendo o psicólogo hospitalar ficar atento para uma máxima da teoria da comunicação que diz o seguinte: "A palavra pertence a quem escuta." Isso significa que o que garante efetivamente a comunicação não é a emissão da mensagem com conteúdo verdadeiro, e sim a possibilidade de o receptor entender a linguagem em que essa mensagem foi veiculada. O que conta não é o que foi dito, mas o que foi entendido. De nada adianta o paciente falar se o psicólogo não for capaz de entender sua linguagem. Por exemplo: certa vez uma paciente respondendo à pergunta do psicólogo sobre o motivo de sua internação disse "é que eu estou com um problema de disuneração". Não entendendo o que fosse tal coisa o psicólogo inquiriu: "mas o que é isso?", e a paciente "ah, moço é as corredeira". Foi preciso mais algum tempo de conversa para ficar claro que o problema da paciente era uma disenteria, que na região de onde a paciente vinha era popularmente conhecida como "disuneração", "corredeira" ou "quentinha", dentre tantos outros nomes.

Também podem ocorrer problemas no sentido inverso, isto é, do psicólogo em relação ao paciente. Por exemplo, em uma primeira entrevista o psicólogo tentando explicar para o paciente qual o seu trabalho ali no hospital pode ficar tentado a usar termos como "inconsciente", "situação vital", "psicoterapia", "mecanismo de defesa" e muitos outros. Será que o paciente sabe o que essas palavras significam? Muitas pessoas não têm noção do seja nem mesmo psicoterapia. É necessário adequar a linguagem ao nível do ouvinte já que a palavra, como vimos, pertence a quem escuta. A linguagem para explicar a um paciente o que é a psicologia hospitalar não deve ser a mesma utilizada para discutir casos em uma reunião clinica com toda a equipe. Cabe ao psicólogo hospitalar, em seu diagnóstico, identificar possíveis problemas de comunicação e preparar-se para lidar com eles.

Esse tema sobre dificuldades na comunicação não é exclusividade da relação entre psicólogo e paciente. É também muito comum na relação entre o psicólogo e o médico. O médico é treinado desde a faculdade de medicina a buscar uma linguagem objetiva, unívoca, na qual cada palavra deve ter apenas um significado. Já o psicólogo, por força de seu objeto de estudo — a subjetividade humana — é levado a uma linguagem menos exata, cheia de nuanças, onde cada palavra precisa ser explicada de muitas maneiras diferentes para que seus muitos significados se esclareçam. Vejamos o caso da palavra "inconsciente". Para o médico ela pode significar apenas aquilo que não está presente na consciência. E para o psicólogo? Imaginemos uma reunião com toda a equipe multidisciplinar para a discussão de um caso clínico em que alguém pergunta ao psicólogo "mas o que é mesmo inconsciente?" Não é uma resposta simples, mas cabe ao psicólogo cuidar para que sua resposta seja entendida por todos os profissionais da equipe, e não apenas pelos seus colegas de psicanálise. O mesmo se aplica aos médicos, que devem evitar uma linguagem excessivamente técnica.

Do ponto de vista social, o psicólogo hospitalar não pode ignorar o significado do adoecimento em uma sociedade competitiva e mercantilista como a nossa. Pita (1990) afirma que adoecer nessa sociedade "é deixar de produzir e, portanto, de ser; é algo vergonhoso, logo deve ser ocultado e excluído, até porque dificulta que outros, familiares e amigos, também produzam". Essa questão não admite soluções simples e maniqueístas, do tipo "isto é bom e aquilo é mau". Pedem muito mais uma postura de reflexão constante sobre o significado social e político da prática de tratar pessoas adoentadas em uma sociedade capitalista.

Eixo IV — Diagnóstico Transferencial

O diagnóstico transferencial avalia as relações que a pessoa estabelece a partir de seu lugar no adoecimento. Enquanto no diagnóstico reacional estudamos o modo como a pessoa reage diante da doença, aqui buscamos compreender como a pessoa se relaciona em meio ao adoecimento. Consideramos que o adoecer é, ao mesmo tempo, uma condição biológica e um processo psicológico em uma rede de relacionamentos interpessoais, conforme ilustra a figura abaixo, uma vez que a posição exata que a pessoa ocupa depende tanto de sua subjetividade como do contexto que se organiza a sua volta.

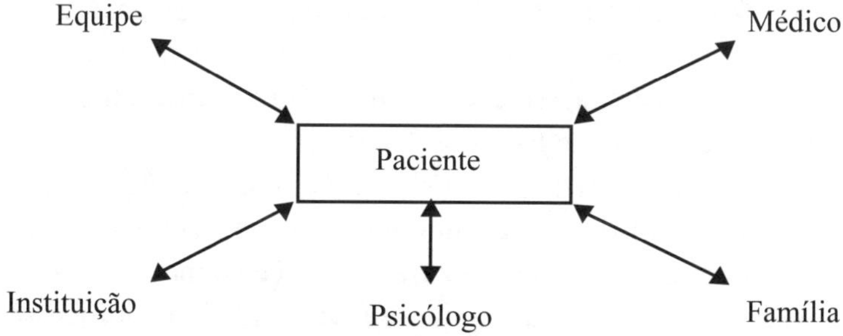

Figura 8: Rede de relações fundamentais

Transferência

O paciente estabelece então cinco relações fundamentais: com a família, com o médico, com a enfermagem e outros técnicos, com a instituição e com o psicólogo. Essas relações são chamadas "transferenciais" porque o adoecimento, como fenômeno regressivo, leva a pessoa a estabelecer vínculos segundo modelos já experimentados anteriormente em sua história pessoal. Assim, a transferência não é só a repetição de um sentimento, mas é também a repetição de um lugar, de uma posição nos relacionamentos. Freud, em "A dinâmica da transferência" (1912), descreve o sujeito como possuindo clichês estereotipados que se repetem de forma constante no decorrer de sua vida, numa repetição de afetos.

Freud (1980, vol. XII) classificou a transferência como positiva ou negativa na dependência de o afeto predominante ser amistoso e cooperativo, ou hostil e competitivo. A transferência positiva pode ser subdividida em fraterna ou erótica se envolver sentimentos de natureza romântica, sexual ou não. Quando o que está em foco são os sentimentos do profissional em relação ao paciente, falamos em contra-transferência, que, além de ser classificada da mesma maneira que a transferência, também é gerada pelos mesmos mecanismos regressivos e pulsionais .

Lacan (Chemana, 1995) propôs quatro modelos de vínculos para entendermos as relações que se estabelecem entre o profissional e o paciente quando envolvidos em uma relação de tratamento. Ele os denominou "discursos": discurso do mestre, discurso do professor, discurso da histérica e discurso do analista. O que caracteriza cada um deles é a forma como o profissional detém o saber sobre a doença e sobre a cura do paciente, ou, dito de outra forma, o lugar que o profissional ocupa em relação ao doente.

Discurso do mestre— O médico sabe o que faz o paciente sofrer, e sabe a partir de sua sabedoria pessoal, de sua imensa capacidade. Não faz referência a nada para validar tal conhecimento, a não ser a sua própria maestria, ou quase divindade. Sabe porque sabe. *Na minha experiência...*

Discurso do professor — O médico também sabe, mas não a partir de sua pessoa, e sim fundamentado na ciência, no seu profundo conhecimento sobre os trabalhos científicos de muitos outros médicos. É a medicina baseada em evidências. Sabe porque conhece. *Segundo a literatura...*

Discurso da histérica — O paciente instala o médico no lugar do suposto saber e espera que ele, o médico, não apenas o leve à cura, mas que se responsabilize por sua felicidade. *Sabe para salvar...*

Discurso do analista — O médico faz semblante de que sabe, mas gradualmente conduz o paciente a uma descoberta desconcertante: ele, o paciente, detém um conhecimento sobre si mesmo sem o qual não há cura possível. *Sabe para fazer saber...*

Embora tenhamos usado como exemplo a relação médico-paciente, é importante dizer que esse modelo dos quatro discursos foi proposto originalmente para analisar a relação do paciente com seu psicanalista, e serve igualmente para avaliar a relação do paciente com os outros profissionais de saúde. É um instrumento de análise transferencial que evidencia o que o paciente espera do profissional e o lugar em que este se coloca. Para Moretto (2000), "o paciente vai ao hospital porque supõe encontrar lá o saber médico, ou seja, a tranferência se dá com o médico, já que o saber a ele se dirige. O paciente vai perguntar o que ocorre consigo mesmo pois supõe que o médico tem esse saber. Portanto, é de se esperar que alguns fiquem um tanto decepcionados quando se deparam com um analista que lhes pede que falem sobre si mesmos. Mas o que surpreende é que eles falam, e falam como se ali, na figura do analista, tivessem encontrado o que não sabiam exatamente que procuravam: a si mesmos."

Disso podemos concluir que o discurso mais eficiente para o psicólogo hospitalar é o discurso do analista, lembrando, porém, que para chegar até ele o psicólogo terá, na maioria dos casos, de passar antes pelos outros discursos.

Solicitação de atendimento e demanda de atendimento

No intrincado das relações transferenciais que se estabelecem na cena hospitalar convém fazer uma distinção entre solicitação de atendimento psicológico e demanda de atendimento psicológico. A *solicitação* é um pedido para que o psicólogo hospitalar atenda alguém, e esse pedido pode ser feito pelo paciente, pelo médico, pela enfermagem ou pela família. A *demanda* é um estado psicológico caracterizado por um questionamento ou incômodo, da própria pessoa, em relação à maneira como está vivenciando seu adoecimento, implicando necessariamente a existência de certo nível de trabalho psíquico. A solicitação é uma ação, a demanda um estado, e por isso uma pessoa pode solicitar o atendimento em nome de outra, mas ninguém pode demandar em nome de outra. A demanda é própria, sempre.

Pode acontecer de a demanda e a solicitação não serem coincidentes. Por exemplo, o pedido de atendimento é feito pelo médico, mesmo que o paciente não apresente nenhuma demanda de trabalho psicológico. É nesses casos que o psicólogo hospitalar se vê diante de um paciente que não pediu para ser atendido, podendo até mesmo ser hostil com relação a tal atendimento. É claro que o atendimento flui melhor quando há demanda, mas ele também pode começar a partir tão-somente de uma solicitação, desde que o psicólogo hospitalar consiga facilitar, ao longo do trabalho, o surgimento da demanda.

Nos casos em que o pedido não vem do paciente, é interessante que o psicólogo verifique onde está a demanda. Talvez em alguém da equipe, talvez no médico, ou na família, e até na instituição. Às vezes é o medico, ou a família que está incomodada com a situação, e não o paciente. Nesses casos, quando cuidamos da demanda de quem solicita o atendimento, muitas vezes o problema se resolve rapidamente (Sterian, 2000).

Também ocorre a situação em que o próprio paciente solicita o atendimento psicológico, mas não há demanda. Por que solicita então? Por pressão da família ou da equipe médica, ou porque a demanda já está "quase aí".

Ainda mais complicada é a situação em que o paciente solicita o atendimento psicológico, apresenta demanda, mas no fim das contas parece mesmo não querer ser curado. O que acontece é que, no dizer de Moretto (2001), "quando alguém pede algo, isso não é igual — às vezes é exatamente o oposto — àquilo que deseja". Há uma diferença entre o que se demanda e o que se deseja. Segundo Lacan (1966), o paciente muitas vezes vem ao médico para que este o autentique como enfermo, para que permita que ele continue sendo um doente bem instalado em sua doença.

Para a demanda de cura a medicina está bem preparada, e faz disso a sua excelência, mas diante desse estranho desejo de continuar doente a medicina queda-se desconcertada, impotente e irritada. Já a psicologia hospitalar, por reconhecer que o que rege o funcionamento psíquico é algo "alem do princípio do prazer", por não acreditar tão piamente no suposto desejo de cura enunciado pelo paciente, encontra-se mais bem preparada para lidar com esse estranho amor que o paciente parece devotar ao seu sintoma.

Realidade institucional

Em psicologia hospitalar, a relação entre o paciente e o profissional de saúde jamais é do tipo dual. Há sempre um terceiro elemento: a instituição, que pode ser o hospital, o governo, o sistema de saúde publica, a empresa de seguro-saúde, até mesmo a família. É preciso, portanto, analisar a situação do paciente no que concerne às questões institucionais, bem como a inserção do psicólogo nesse universo.

O hospital é, sim, uma instituição, para o melhor e para o pior. Por um lado ele reúne o que há de mais avançado na medicina, como equipamentos sofisticados, médicos bem treinados e medicamentos de alto custo, constituindo-se, assim, no local ideal para a busca da cura. Mas, por outro lado, o hospital anula a individualidade do sujeito adoentado, transformando-o no doente sobre o qual a ciência médica exacerba seu positivismo. "Sua patologia reconhecida e classificada precisa ser tratada. Ao contrário do paciente do consultório, o qual mantém seu direito de opção em aceitar ou não o tratamento e desobedecer a prescrição, o doente acamado perde tudo. Sua vontade é aplacada, seus desejos coibidos, sua intimidade invadida, seu trabalho proscrito, seu mundo de relações rompido. Ele deixa de ser sujeito. É apenas um objeto da prática médico-hospitalar, tem suspensa sua individualidade e se vê transformado em mais um caso a ser contabilizado" (Ribeiro, 1983).

Enquanto principal instituição da política de saúde pública brasileira, o hospital impõe ao paciente uma série de agruras, além da angústia inerente ao adoecimento. Para Angerami (1984), "assiste-se, nesse contexto, à condição desumana a que a população, já bastante cansada de sofrer todas as formas possíveis de injustiças sociais, tem de se submeter em busca do recebimento de um tratamento médico adequado. E, o que é mais grave, tudo passa a ser considerado normal. Os doentes são obrigados a aceitar como normal todas as formas de agressão com que se depara em busca da saúde. E o psicólogo está inserido nesse contexto da saúde de forma tão emaranhada quanto outros profissionais atuantes na área da saúde, e muitas vezes sem uma real consciência dessa realidade".

É unânime entre os autores nacionais (Ribeiro, 1983), (Angerami, 1984, 2001), (Pita, 1990), (Campos, 1995), (Romano 1999), (Sebastiani, 2000), (Chiattone, 2000), (Moretto, 2001) a afirmação sobre o despreparo técnico e teórico do psicólogo para a prática da psicologia no contexto da instituição hospitalar. A maioria das faculdades de psicologia no Brasil não oferece a disciplina de psicologia hospitalar em seu curso de graduação. Além disso, as principais correntes teóricas da psicologia, tais como a psicanálise, a psicologia comportamental-cognitiva e as psicoterapias psicodinâmicas ainda carecem de formulação teórica consistente sobre a atuação no contexto hospitalar. Por exemplo, a literatura psicológica e psicanalítica fala do tratamento como uma relação dual, como um encontro íntimo e sigiloso entre o terapeuta e o paciente, havendo que se observar que na psicologia hospitalar raramente tal arranjo pode ser feito. Não é só o *setting* no sentido físico que está sendo modificado, mas também no sentido de quem se responsabiliza financeiramente pelo tratamento.

Na maioria das vezes uma pessoa paga, mas é outra que vai ser atendida, e isso faz diferença na transferência.

Quando o psicólogo entra no hospital, percebe que "os ensinamentos e leituras teóricas de sua prática acadêmica não serão, por maiores que sejam as horas de estudo e reflexão teórica sobre a temática, suficientes para embasar sua atuação. E aprende que terá de aprender aprendendo, com os pacientes, com a sua dor, angústia e realidade. E o paciente, de modo muito peculiar, ensina ao psicólogo sobre a doença e sobre como lidar com a própria dor diante do sofrimento" (Angerami, 2001).

Relações paralelas

A psicologia hospitalar cuida dos aspectos psicológicos que envolvem o adoecimento, e muitas vezes tais aspectos surgem mais problematizados na família, no médico, na equipe de enfermagem e no próprio psicólogo hospitalar, ou nas relações que se estabelecem entre eles e que não envolvem diretamente o paciente. Assim, além das cinco relações fundamentais envolvendo o paciente, o diagnóstico transferencial também avalia as relações que se estabelecem entre os outros participantes da rede de relacionamentos, conforme o ilustrado na figura abaixo:

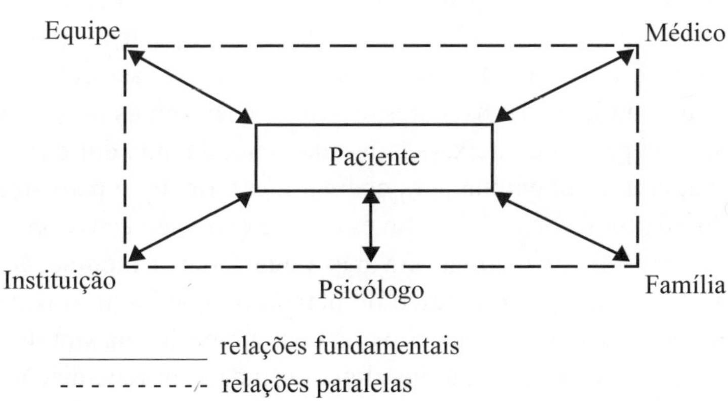

Figura 9: Rede de relações fundamentais e paralelas

Um observador menos avisado da cena hospitalar poderia pensar que não há motivo para conflito nessas relações paralelas, já que todos compartilham o mesmo objetivo: a cura do paciente. Acontece que, se a meta final é a mesma, os objetivos imediatos não são nada iguais. Vejamos alguns exemplos.

A família quer a cura do paciente mas deseja que isso seja uma certeza, certeza essa que o médico nem sempre se encontra em condições de oferecer, despertando sentimentos ambivalentes nos familiares. Podem sentir raiva do médico por ele ser o portador de um diagnóstico pesado, como o de câncer, e ao mesmo tempo sentir admiração e gratidão por ele ser capaz de conduzir o tratamento. Outras vezes a família, ansiosa por informações em relação ao estado do paciente, surge para o médico como um estorvo. Muitos médicos não se dão conta de que a comunicação com a família do paciente não é algo que atrapalha o seu trabalho, e sim algo que faz parte de seu trabalho.

A família também quer que o paciente seja bem tratado e não sinta dor, e é nesse campo que surgem as tão freqüentes discussões com a enfermagem, que em razão de sua tarefa precisa realizar procedimentos muitas vezes dolorosos, ou que devido a má organização do serviço não dispõe de tempo adequado para prestar os cuidados com dedicação e paciência.

A enfermagem é pressionada dos dois lados, encontra-se numa espécie de "sanduíche" entre o médico, o paciente e seus familiares. É uma posição que implica muita responsabilidade e pouca autonomia. Todas as noites, em todos os hospitais uma cena se repete: O paciente queixa-se, por exemplo, de uma dor de cabeça e aperta a campainha para chamar a enfermeira e pedir-lhe uma dose extra de analgésico. Se essa dose extra não estiver prevista na prescrição médica, ela não poderá dar a medicação; precisa telefonar para o médico de plantão, o que inclui o risco de este reclamar por ser importunado com um problema simples. Está armada a confusão que geralmente finda com reclamações de todos os lados.

A cena hospitalar é rica em conflitos, e o psicólogo hospitalar cada vez mais tem sido chamado a prestar seus serviços, não ao paciente, mas aos médicos, enfermeiras, equipe administrativa e familiares por meio de programas de controle de estresse, cursos de relações humanas, etc. Por causa disso é interessante que o psicólogo se acostume a incluir em seu diagnóstico uma avaliação sumária desse cenário que envolve o paciente.

Para finalizar, o psicólogo não pode se esquecer de incluir a si próprio nesse diagnóstico transferencial, questionando sistematicamente sua motivação para trabalhar em psicologia hospitalar, reconhecendo seus sentimentos em relação aos pacientes que está atendendo, e refletindo sobre sua relação com os outros profissionais de saúde. Chiattone (2000) chama a atenção para o fato de que muitos psicólogos escolhem a psicologia hospitalar como tentativa de resolução do luto referente a vivências de perdas e doenças na família, ou como forma de controle imaginário sobre a morte, que tanto temem.

Para realizar seu trabalho de atendimento psicológico ao paciente, o psicólogo hospitalar precisa antes se envolver com a equipe médica e com a enfermagem, que em muitos casos não possui a mínima idéia do que o psicólogo está fazendo ali no hospital — isso quando não desdenha explicitamente seus propósitos. Lidar com essa situação não é nada fácil, e geralmente desperta sentimentos muito ambivalentes no psicólogo.

Trabalhar no hospital, com o adoecimento, é um "dar-de-cara" com a condição de desamparo existencial constituinte da condição humana, e ninguém passa por isso sem se abalar. Assim, o psicólogo não precisa se constranger ou negar seus sentimentos; basta que, consciente de que são "seus", não os projete sobre o paciente.

DIAGNÓSTICO TRANSFERENCIAL

– Origem da solicitação e da demanda

– Os quatro discursos
  Discurso do mestre
  Discurso do professor
  Discurso da histérica
  Discurso do analista

– Transferência e contratransferência

– Relações fundamentais
  Paciente-médico
  Paciente-equipe
  Paciente-instituição
  Paciente-família
  Paciente-psicólogo

– Relações paralelas
  Entre os vários profissionais

– Dimensão institucional

Quadro 11: Principais temas do diagnóstico transferencial

A doença como linguagem

A doença é portadora de muitos significados. Para a medicina científica, o sintoma significa alterações fisiológicas, anatômicas, bioquímicas e moleculares, enquanto para a medicina oriental significa alterações sutis na dimensão energética do paciente que se relacionam com sua vida afetiva e espiritual. Já para a psicossomática o sintoma seria a maneira que o sujeito encontrou para expressar conteúdos que não puderam ser simbolizados em palavras. Esse último aspecto é bastante atraente para a psicologia hospitalar, pois coloca em relevo a palavra, que é o próprio campo de trabalho do psicólogo hospitalar.

Entretanto, se a doença é uma mensagem, essa mensagem vem cifrada em algum código e precisa ser traduzida. Qual é o recado que a doença quer nos dar? O que a doença ensina? Em resumo, o principal problema é o de como traduzir o sintoma. Existem basicamente duas maneiras: usar uma chave de tradução predeterminada e universal, ou ajudar o paciente a descobrir o sentido individual do sintoma.

Uma chave universal de tradução é um tipo de dicionário que estabelece uma correspondência fixa entre as partes do corpo humano e uma dimensão psíquica. O resultado mostra coisas do tipo: doenças do coração têm que ver com a capacidade de amar, dos dentes com agressividade, dos ouvidos com obediência, do pênis com o poder, dos rins com o medo, do fígado com mágoa, etc. O problema relacionado a esse tipo de interpretação é que, além de sua evidente superficialidade, ela pode, em vez de ajudar o paciente, acrescentar mais um problema ao sugerir que ele é responsável por uma neurose ou deficiência emocional, ou que ele teria causado sua própria doença. Para ilustrar esse ponto, transcrevo um belo artigo publicado em um jornal de terapias alternativas, escrito por Swami Veeten e intitulado “Revelações místicas por meio dos joelhos” (Veeten, 1989).

“Recentemente desloquei meu joelho quando estava visitando Londres. Devo lhe dizer que eu estava dançando como um maníaco em uma boate local no momento em que aconteceu, possivelmente tentando impressionar as dançarinas fêmeas mais jovens presentes, pois, mesmo que eu parecesse uma ou duas décadas mais maduro que elas, eu estava bloqueado psicologicamente na idade de mais ou menos 13 anos. Eu lhes conto tudo isso porque estava prestes a descobrir que o meu joelho direito danificado (anotem isso todos vocês que são analistas esotéricos) não foi um simples machucado no corpo, mas um raio X do meu embaraçador estado espiritual retardado. Sem compreender, naquele momento, o real significado de minha deficiência energética interior manifestada fisicamente, ingenuamente fui consultar um cirurgião ortopédico e, assim que entrei, foi diagnosticado um deslocamento do menisco. Esse assim chamado 'doutor' obviamente nunca penetrou além das vibrações densas de sua própria camada física.

Como eu pessoalmente tenho este louco sentimento de que a existência me deu todas as partes de meu corpo por alguma razão, quis ter alguns dias para mancar por aí e chafurdar na solidariedade e na pena antes de sacrificar o meu joelho em uma mesa de operação da medicina moderna. Entretanto, como eu estava hospedado com amigos de um instituto terapêutico holístico chamado Wellness Institute, a velha técnica de tentar obter solidariedade e pena funcionou tão bem quanto um carneiro dançando num covil de leão. Não compreendi o meu trágico erro até o dia em que sentei para almoçar numa mesa cheia de terapeutas *new age*.

"Outro dia desloquei meu joelho", disse casualmente sem me referir a nada em particular" e deixe-me contar como foi doloroso..."

"Qual joelho?", perguntou um psicólogo transpessoal sem desperdiçar tempo em gentilezas do tipo "oh, que coisa chata!" "O joelho direito, por quê'?", respondi sem realmente querer saber o porquê. Ele vagamente balançou a cabeça em sinal afirmativo, seus olhos me sondando como um tubarão ao redor de um surfista machucado. "Fraqueza no joelho direito geralmente indica um estado de deficiência *yang* ao lidar com, você sabe, imagem ou *performance* masculina... Existe alguma coisa acontecendo com você em relação a isso?"

"Há, há, há..." ri desconfortavelmente, apesar do fato de que ninguém mais naquela mesa estava achando engraçado. "Não, é claro que não, esta tudo ótimo".

"Sempre que eu me apaixono e a mulher me abandona, ambos os meus joelhos ficam ruins" confidenciou um guia avatar, com uma piscadela conspiratória. "quem sabe o antigo clichê sobre as mulheres fazerem os homens tremerem nos joelhos não é verdade?"

"Olha, não há nada de errado na minha vida amorosa", repliquei um pouco energicamente demais.

"Ei, não há necessidade de reagir, é apenas um fato bem conhecido que...", contra-atacou um terapeuta *gestalt*.

"Não estou reagindo", eu disse reativamente.

"É fato", repetiu ele com ênfase, "que os joelhos e as pernas são conectadas ao primeiro *chakra*" — o centro do sexo. Então uma resistência nos joelhos significa que o seu primeiro *chakra* está, você sabe, funcionando mal". Nesse momento, todos fizeram um sinal afirmativo com a cabeça, em profunda harmonia terapêutica.

"O que vocês parecem não compreender é que eu desloquei o meu joelho dançando, pelo amor de deus", falei intempestivamente, secando com um guardanapo de papel um rio de suor que já começava a escorrer pelas minha sobrancelhas. "A minha libido simplesmente esta bem".

"Queda", interrompeu um médium da Califórnia, "os joelhos estão associados ao medo de cair, e no final das contas ao medo da morte. Como você é um escritor, uma resistência nessa área pode também indicar um medo de perdoar a memória ou o talento ou..."

"A minha memória está boa, hum...", falei rapidamente, tentando encontrar o nome dele na minha memória empoeirada. Embora eu tenha de admitir que naquele momento não pude achar nada.

"Olhe, estamos aqui falando de padrões inconscientes que estão tentando lhe dizer alguma coisa, por meio de seu joelho, que você simplesmente não é capaz de escutar de nenhuma outra maneira", explicou um especialista em reiki, como se estivesse acalmando uma criança de dois anos. "E os joelhos para mim têm alguma coisa a ver com o ajoelhar-se em devoção. Uma resistência aí provavelmente é uma desconexão energética com o seu eu superior. Você tem sentido...?"

"Eu simplesmente estou me sentindo bem", protestei interiormente, tentando absorver o fato de que eu provavelmente era ou sexualmente reprimido, ou aterrorizado com a morte, com relacionamento disfuncionais ou um Judas sabotando mensagens do meu eu superior.

"Olhe, fiz muitas leituras de vidas passadas em joelhos e sempre tem algo a ver com o entregar-se" adicionou um terapeuta de vidas passadas. "Geralmente uma rendição em uma guerra, na qual o conquistador fica de pé triunfante diante de você e lhe força a se ajoelhar. A impressão energética de uma humilhação como essa pode ficar alojada nos joelhos por muitas vidas", disse um terapeuta de vidas passadas.

Enquanto essa análise dos joelhos durante o almoço continuou por um tempo que parecia vários dias, em algum momento no meio dela decidi fazer a cirurgia. Não que o que esses bons terapeutas estivessem dizendo não fosse verdade — afinal, posso me recordar vagamente de ter ajoelhado diante de alguém que se parecia a Gengis Khan e estar vendo, de baixo para cima, os cabelinhos do seu nariz — mas porque o meu joelho continuava deslocado e, falando exotericamente, era muito doloroso.

E isso me deu a idéia de escrever um *best seller new age* intitulado *O livro esotérico das dores corporais: o que aquela tosse seca realmente significa*. Um livro que irá capacitar qualquer um de vocês, terapeutas amadores, a analisar as doenças de seus amigos e lhes oferecer revelações impressionantemente esotéricas e embaraçosas sobre suas vidas passadas, a ponto de acabar com seus problemas renais. Um sucesso garantido!

"Funcionou para mim. Eu jamais reclamei novamente!"

Esse tipo de interpretação apressada, superficial e amadora não é privilegio dos terapeutas *new age*. Muitos psicólogos e psicanalistas também não perdem a chance, num encontro com amigos no sábado a noite, de reforçar a imagem de que psicólogo está sempre analisando e descobrindo os segredos dos outros. Sobre isso cabe lembrar uma frase de Freud, de quando alguém quis interpretar o seu hábito de fumar charutos como alguma coisa fálica. Ele disse "muitas vezes um charuto é só um charuto".

A segundo maneira de interpretar o sintoma é convidar o paciente a falar sobre ele e esperar que o sentido salte das palavras. Essa é a maneira própria da psicanálise, e a mais adequada para o psicólogo hospitalar, já que este não é um adivinho ou senhor das verdades ocultas para ficar dizendo ao paciente o que a sua doença significa, e sim alguém que, ao oferecer sua escuta analítica, cria condições para que o paciente descubra qual o significado que ele está dando, conscientemente ou não, a seu sintoma. O que importa é exatamente isto: o sentido que o sintoma tem para o paciente, e não o sentido que ele tem em determinada tradição cultural ou esotérica. O sentido é dado pelo paciente, não pelo sintoma, que é como uma garrafa vazia que pode ser preenchida por diferentes líquidos. Sim, a doença é uma mensagem, mas o único tradutor autorizado quanto ao psíquico é o próprio doente.

Identificação

Por último, não por menos importância mas para ficar mais vivo na memória, vem a questão da identificação entre o paciente e o psicólogo hospitalar. O hospital é um lugar cheio de gente, razão pela qual é preciso ser explícito na identificação. Ao iniciar um trabalho com o paciente é importante que o psicólogo hospitalar o identifique claramente. O nome completo e o número do leito são os primeiros dados que o psicólogo recebe, e deve conferir se o paciente com quem está conversando é efetivamente a pessoa a quem ele veio atender. Posteriormente outros dados devem ser colhidos, como idade, estado civil, profissão, naturalidade, procedência e nome da equipe médica responsável pelo paciente.

Inúmeras, embaraçosas e trágicas são as histórias de confusão de identidade de pacientes no hospitais. Para evitá-las, é regra do ministério da saúde que todo registro escrito sobre o paciente contenha seu nome completo, sem abreviaturas. O trabalho do psicólogo hospitalar também está sujeito a essa determinação. Convém perguntar diretamente ao paciente: "o sr. é fulano de tal?" (nome completo, insisto). Quando uma pessoa é internada em um hospital, ela recebe em seu leito a visita de tantos profissionais diferentes, que é bem comum não conseguir identificá-los com clareza. Para evitar maiores confusões, cabe ao psicólogo apresentar-se de forma explicita, dizendo seu nome, sua profissão e o que veio fazer ali.

Resumo

O diagnóstico em psicologia hospitalar é uma visão panorâmica, e como tudo o que é muito amplo, não se deixa apreender por um único olhar. Ao contrário: exige que o olhar passeie com vagar, primeiro aqui, depois ali e acolá, voltando inúmeras vezes aos mesmos pontos, sem pressa, até que a imagem toda vá se construindo. É assim mesmo que o psicólogo trabalha, com paciência, sem pressa de fazer logo o diagnóstico, que, quando estabelecido, nunca deve ser considerado definitivo, merecendo a cada novo encontro uma revisão. Tudo isso não impede, entretanto, que o psicólogo construa, como hipótese de trabalho, uma síntese do diagnostico para orientar sua estratégia terapêutica. Chamamos essa síntese de *o mapa da doença* e abaixo apresentamos um diagrama para facilitar sua confecção.

Para ilustrar a utilidade do mapa da doença como resumo do diagnóstico apresentaremos um caso clínico e em seguida o diagrama já preenchido, lembrando que ele é uma síntese, e jamais substitui uma reflexão mais prolongada sobre a riqueza de dados clínicos do paciente.

O MAPA DA DOENÇA

DIAGNÓSTICO & TERAPÊUTICA EM PSICOLOGIA HOSPITALAR

PACIENTE: DATA:

DADOS: PSICÓLOGO:

I - Reacional

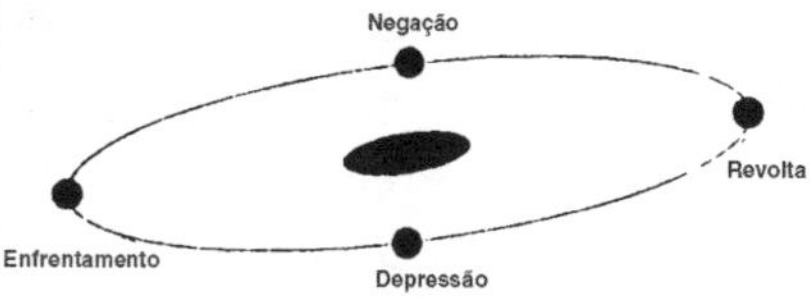

II - Médico
Diagnóstico = sintomas = aguda/crônica = clínico/cirurgico = programação = prognóstico = medicação = aderência = risco de contaminação = medidas de proteção.

III - Situcional
Situação Vita Desencandente (SVD)
Ganho Secundário (GS)
Figuras (FG)

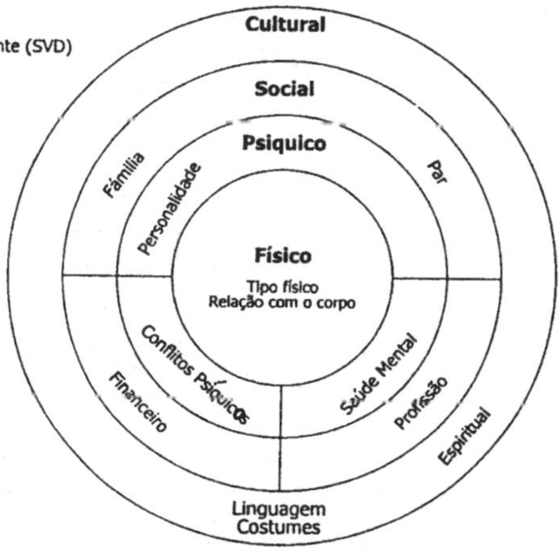

IV - Tranferencial
Demanda ≠ solicitação
Relações/paciente - medico/paciente - família/paciente - equipe/paciente - psicólogo/relação - entre os profissionais.

Terapêutica { E☆ / Técnica < Escuta Analítica / Manejo Situcional }

Figura 10: O mapa da doença

Caso clínico

M.R.A., 42 ANOS, DO SEXO FEMININO, DIVORCIADA, UMA FILHA DE 17 ANOS, CATÓLICA, COMERCIANTE.

A paciente foi internada em razão de um acidente automobilístico ocorrido enquanto dirigia seu automóvel, na companhia de um casal de amigos, logo após saírem de uma festa. No acidente ela ficou presa nas ferragens do carro. Precisou da ajuda dos bombeiros para ser removida e sofreu uma fratura na bacia. Os acompanhantes nada sofreram. O tratamento proposto pelos médicos foi clínico; não havia necessidade de cirurgia, pois a fratura se consolidaria com repouso absoluto. A paciente deveria permanecer no leito, sem se levantar nem para ir ao banheiro, e isso por vários dias. O psicólogo foi chamado pela equipe médica no terceiro dia da internação, já que ela estava irritada, dirigia agressões verbais à enfermagem e insistia em se levantar do leito para ir ao banheiro, contrariando as ordens médicas. Culpava a si mesma pelo acidente, criticava-se por ter ingerido bebida alcoólica pouco antes de dirigir, não queria aceitar ajuda de ninguém, reclamava dos médicos por eles não terem resolvido logo o problema com uma cirurgia, "se eram especialistas, deveriam saber como curá-la", dizia ela. Além disso ela fumava "escondido", quando não havia ninguém no quarto. Disse ao psicólogo que não chamou ninguém para atendê-la, que não tinha dinheiro para pagá-lo, mas que isso se via depois, e já que ele estava ali poderiam mesmo conversar um pouco. Durante essa conversa ela se queixou de sua memória, disse não se lembrar de nada do que aconteceu entre a saída da festa e o momento em que se viu no quarto do hospital. Estava assustada com a possibilidade de ter tido um problema neurológico grave, embora os médicos descartassem essa possibilidade. Por diversas vezes reclamou da ausência de sua filha, que só viera visitá-la uma vez até então.

O MAPA DA DOENÇA

DIAGNÓSTICO & TERAPÊUTICA EM PSICOLOGIA HOSPITALAR

PACIENTE: *MRA* DATA:

DADOS: *42 anos, divorciada, comerciante, católica* PSICÓLOGO:

I- Reacional

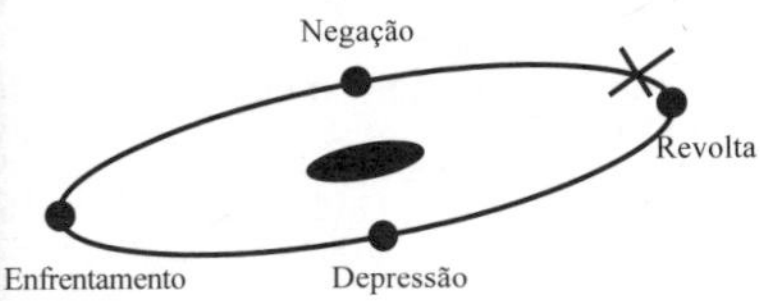

II- Médico

Diagnóstico = sintomas = aguda/ crônica = clínico/cirúrgico = programação = prognóstico = medicação = aderência = risco de contaminação = medidas de proteção.

- *Acidente automobilístico com fratura de bacia.*
- *Quadro agudo, tratamento clínico com repouso e imobilização.*
- *Sintomas: dor, limitação física temporária.*
- *Prognóstico bom.*
- *Medicamentos analgésico e antiinflamatórios, aderência baixa, sem risco de contágio.*

III- Situcional

Situação Vita Desencandente (SVD) → *Não identificado*

Ganho Secundário (GS) → *Mais atenção da filha*

Figuras (FG) → *Seu trabalho*

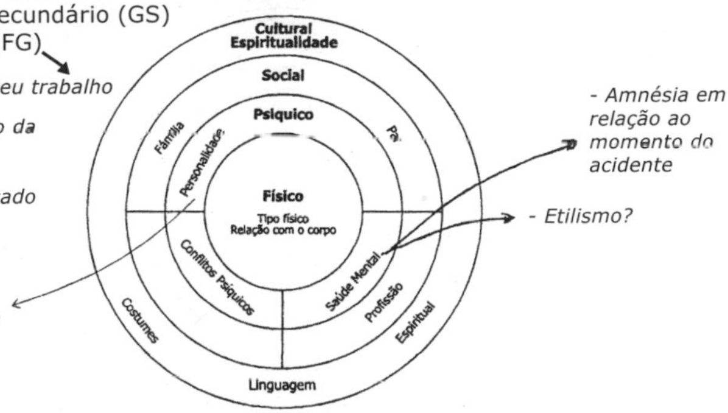

IV- Transferencial

Demanda ≠ solicitação
Relações/paciente - médico/paciente família/paciente - equipe/paciente psicólogo/relação - entre os profissionais.

Sem demanda de atendimento
Solicitação da equipe médica
Transferência negativa com médicos e equipe

Terapêutica { E☆ / Técnica < Escuta Analítica / Manejo Situcional

Figura 11: O mapa da doença (exemplo)

O MAPA DA DOENÇA

DIAGNÓSTICO & TERAPÊUTICA EM PSICOLOGIA HOSPITALAR

PACIENTE: DATA:

DADOS: PSICÓLOGO:

I- Reacional

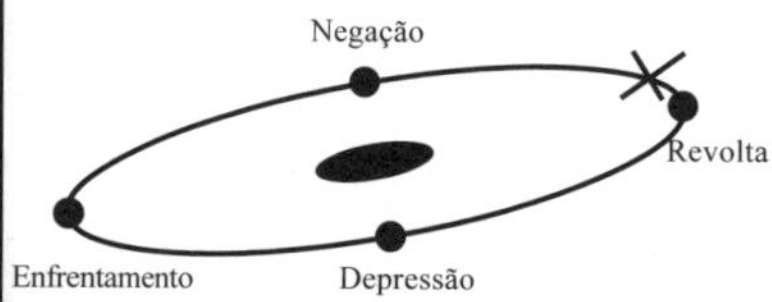

II- Médico

Diagnóstico = sintomas = aguda/ crônica = clínico/cirúrgico = programação = prognóstico = medicação = aderência = risco de contaminação = medidas de proteção.

III- Situcional

Situação Vita Desencandente (SVD)
Ganho Secundário (GS)
Figuras (FG)

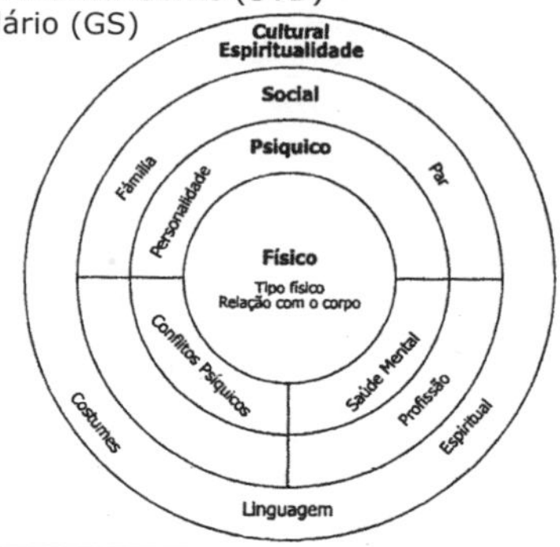

IV- Transferencial

Demanda ≠ solicitação
Relações/paciente - médico/paciente família/paciente - equipe/paciente psicólogo/relação - entre os profissionais.

Terapêutica { E☆ ; Técnica < Escuta Analítica ; Manejo Situcional }

Figura 12: O mapa da doença (modelo)

Segunda Parte

Terapêutica

A terapêutica

O trabalho clínico consiste em ajudar as pessoas a encontrar a magia das palavras (Freud 1980, vol. XII). Assim, a estratégia terapêutica [E☆] da psicologia hospitalar é levar o paciente rumo à palavra.

Estratégia é a arte de organizar os meios disponíveis para alcançar os objetivos desejados; é um jeito de pensar que orienta o fazer terapêutico, que aponta a direção do tratamento, mostrando para que lado encaminhar o atendimento psicológico. E quando a direção do tratamento está correta, a melhor técnica surge, naturalmente, na mente do psicológico bem treinado. Esta segunda parte do ***Manual*** discute as principais *estratégias e técnicas* [E☆] da psicologia hospitalar. Enquanto a estratégia é um plano de ação, a técnica diz respeito à própria ação, refere-se a situações concretas, às coisas práticas e a detalhes: é a maneira, o jeito como o psicólogo faz as intervenções psicológicas e maneja as situações na cena hospitalar.

As estratégias e as técnicas não podem ser entendidas como ferramentas, como instrumentos aplicados de fora sobre um objeto. Elas brotam no interior da relação entre o operador, que é o psicólogo, e o objeto, que é o paciente. Devem ser entendidas como recomendações técnicas, e não como receitas rígidas, e devem ser adequadas a cada situação clínica.

Estratégias básicas

E☆1 = Escutar
E☆2 = Escutar
E☆3 = Escutar
E☆4 = Fazer falar

O psicólogo deseja que o paciente fale porque acredita que falando ele simboliza seu sofrimento e dissolve sua angústia. *Angustia não se resolve, se dissolve, nas palavras.* "Angústia é aquilo que, de acordo com a teoria lacaniana, ocorre quando não se tem significantes que simbolizam o buraco no Real, ou seja, acabar com a angústia é fazer com que o angustiado fale, signifique o seu buraco" (Moretto, 2001).

Falar faz bem não apenas porque dá ao paciente a chance de desabafar. O que acontece é que "...as idéias que pairam mudas no ar são tremendamente ameaçadoras porque não conhecem limites. Colocadas em palavras podem ser examinadas como um objeto, no qual equipe e paciente podem enxergar seu perigo, que assim fica bastante neutralizado"(Sebastiani, 2001).

Note-se que é precisamente a fala que faz a passagem da doença para o adoecimento. Se o paciente não fala, existe apenas a realidade biológica da doença, mas se ele fala surge a subjetividade, e com ela o adoecimento. Somente a fala cumpre o famoso dito em psicologia hospitalar, segundo o qual "...não existem doenças, existem doentes (Perestrelo, 1989). Doenças não falam, doentes sim.

Para fazer falar o psicólogo se vale de três técnicas: a entrevista, a associação livre e o silêncio.

E☆5 Associação livre

O psicólogo explica para o paciente que ele pode falar sobre o que lhe vier a mente, que não existe uma pauta a ser seguida. "Vá falando sobre o que quiser e deixe que a partir disso eu vou trabalhando e perguntando o que precisar". A esse convite para uma fala livre deve corresponder, por parte do psicólogo, uma escuta livre. Freud propôs que se escutasse sob atenção flutuante, que não se fizesse uma seleção dos elementos do discurso do paciente. Em psicologia hospitalar isso significa que o psicólogo deve escutar livremente, sem valorizar *a priori* temas relacionados à doença. Deve-se escutar o que o paciente fala, e não o que o paciente fala sobre a doença. É importante enfatizar esse ponto, pois o psicólogo poderia pensar que, por estar no hospital, deveria direcionar a conversa para o tema do adoecimento. Nada seria mais equivocado; aliás, fazê-lo seria repetir o discurso médico que procura limitar a fala do doente aos seus sintomas.

E☆6 = Entrevista

O psicólogo faz perguntas objetivas ao paciente sobre o assunto que parece mais acessível: a doença, o motivo da internação, os remédios, onde mora, profissão, estado civil, política, futebol, etc. Virtualmente qualquer coisa serve: o importante é colocar em andamento a fala. Em ambas as técnicas, associação livre e entrevista, as perguntas buscam não só a obtenção de dados, mas principalmente estabelecer o vinculo paciente-psicólogo e estimular a elaboração psíquica por meio da fala.

Se para o psicólogo o encontro com o paciente é uma entrevista, é interessante que para o paciente ela pareça mesmo com uma conversa, um bate-papo. Isso ajuda o trabalho da psicologia hospitalar.

E☆7 = Fazer silêncio

O silêncio é poderoso; ele é como um vácuo, puxa as palavras, pede para ser preenchido, e no caso da psicologia hospitalar dever ser preenchido, idealmente, pela fala do paciente. Eventualmente pode ser preenchido pela fala do psicólogo, mas isso como estratégia para restabelecer o discurso do paciente, e não como um fim em si mesmo.

Costa Pereira (1999) recomenda: "o psicólogo precisa encontrar sua função de silêncio, não obrigatoriamente o silêncio da boca, capaz de reengendrar o trabalho de linguagem existente em germe no próprio paciente". Disso concluímos que o importante não é a ausência de palavras do psicólogo, e sim sua capacidade de permitir as palavras do paciente, e isso é tudo o que pode ser feito em alguns momentos muito difíceis. Certas horas não admitem palavras.

E☆8 = Mudança

Nenhum profissional tem o poder de fazer o paciente mudar de posição se ele ainda não estiver pronto. Trata-se de uma estratégia bastante realista e desobriga o psicólogo de se responsabilizar pela reação do paciente. A posição em que o paciente se encontra na órbita da doença (figura abaixo) é o melhor que ele pode fazer naquele momento: ele não está nessa posição para provocar ninguém, e se pudesse agir de modo mais produtivo já o teria feito, mas não pode — ainda. O normal é o ser humano ter dificuldades para se adaptar à doença.

O psicólogo não é, *a priori*, um modificador de comportamentos desadaptativos, como poderia supor a medicina, ele é um facilitador do trabalho de elaboração psíquica, trabalho esse que pode levar a uma mudança ou não. Na psicologia hospitalar a mudança vem como resultado, não como objetivo. O compromisso do psicólogo hospitalar é com a verdade do sujeito, e não com a mudança de comportamento.

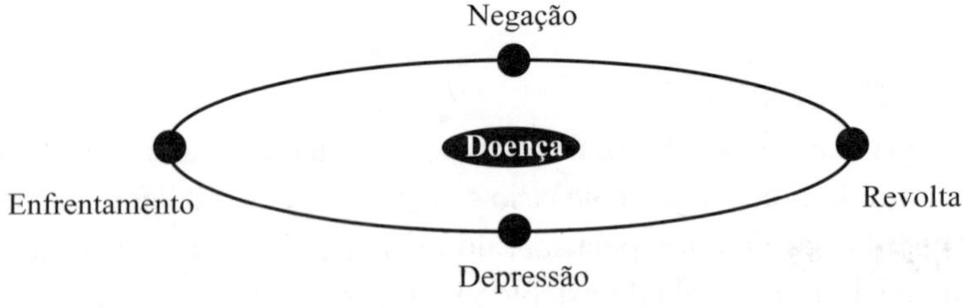

Figura 13: Órbita em torno da doença

E☆9 = Negação

Na maioria dos casos, a negação é uma posição inicial, passageira. Por isso, se o paciente nega a doença mas aceita bem o tratamento, o psicólogo não deve fazer nada, é melhor deixar como estar e ficar atento, porque provavelmente logo surgirão os sinais de que ele já pode reconhecê-la.

A negação é uma defesa psicológica, e defesas psicológicas têm sempre uma razão de ser válida do ponto de vista do psiquismo do paciente. Quem se defende o faz porque se supõe atacado, e se lança mão exatamente da negação é porque não encontrou defesa melhor. Trabalhar com defesas, neuróticas ou não, implica em ajudar o paciente a transcendê-las, e não rompêlas de maneira forçada, expondo o paciente a angústias com que ele não tem como lidar naquele momento. Faz melhor o psicólogo que aborda a questão pela via do fortalecimento psíquico do que o que decide ser melhor para o paciente encarar logo a sua doença. Quem disse?

Mas se além de negar a existência da doença o paciente também recusar o tratamento, e isso colocar em risco a sua condição clínica, cabe então dizer a ele que existe, sim, um problema de saúde a ser tratado, e cabe escutar sua resposta sem entrar em disputa; afinal, essa afirmação é mais uma provocação para fazê-lo falar do que uma instrução a ser cumprida. Simultaneamente a essa afirmação, o psicólogo deve se interessar pelos motivos do paciente para recusar o tratamento. O psicólogo não deve observar apenas o errado da situação; deve observar também o acerto do paciente. O objetivo da psicologia hospitalar não é convencer o paciente de que ele é um doente, nem forçá-lo a concordar com o diagnóstico médico; tudo o que o psicólogo deseja é que o paciente fale, fale de si, da doença, do que quiser. Quando o paciente pode falar livremente, a negação não raro se desvanece.

Se a negação atinge não apenas a noção da doença, mas se estende a fatos concretos evidentes, como sangramento, deformações, tosse, etc., convém investigar mais detidamente a condição mental do paciente, buscando sinais psicopatológicos indicativos de psicose, ou então solicitar uma avaliação psiquiátrica.

Com o paciente na posição de negação, o trabalho de atendimento psicológico abordará outros temas que não a doença. É importante permitir que o próprio paciente escolha os temas das conversas, mas se ele não fizer, o psicólogo pode encaminhar estrategicamente a entrevista para assuntos mais superficiais, até que outras questões possam ser abordadas.

E☆10 = Revolta

A revolta não é para ser subjugada, dominada a força, e sim ultrapassada, tornada desnecessária pela ventilação dos sentimentos reprimidos. Diante de um paciente na posição de revolta *o psicólogo deve focalizar a verdade da pessoa e não apenas o errado da situação*. Esse é um principio fundamental, válido para todas as situações em psicologia hospitalar. Todo problema envolvendo pacientes apresenta essas duas facetas, como dois lados de uma moeda: o que é errado do ponto de vista do tratamento médico, e o que é certo do ponto de vista da vivência do paciente. Por exemplo, quando um paciente recusa um determinado remédio, isto é errado para a situação de tratamento, mas também é certo que existe um enjôo verdadeiro no paciente cada vez que o comprimido é colocado na boca. Existe sempre uma verdade no sentimento do paciente que o leva a um ato errado; há sempre uma intenção positiva embutida em um comportamento negativo. Descubra qual é essa verdade e permita que o paciente fale sobre ela: o psicólogo não precisa concordar com o comportamento, mas pode reconhecer a autenticidade dos sentimentos do paciente; isso ajuda enormemente.

A expressão dos sentimentos de revolta tem uma vantagem e um perigo; a vantagem é que ela diminui a angústia, facilitando a elaboração psíquica, e o perigo é que ela pode desencadear um processo de explosão de violência. Se o psicólogo perceber sinais de escalada para a violência, ou se o paciente já possuir histórico de episódios de violência, deve-se evitar intervenções do tipo "isso, expresse seus sentimentos" e preferir uma abordagem mais conservadora. É importante lembrar que a finalidade da psicologia hospitalar é favorecer a elaboração por meio da linguagem, e não promover a passagem-ao-ato *(acting out)*. Para Moretto (2001), "a partir do momento que o psicanalista oferece uma escuta ao drama subjetivo do paciente, esse último passa a ter a possibilidade de transformar gritos em fala; ele já não mais precisa gritar para ser escutado".

O paciente nessa posição de revolta encontra-se, com muita freqüência, envolvido em conflitos com a enfermagem, com a família ou com a equipe médica. Ao mediar essas situações o psicólogo deve escutar as queixas mais como uma testemunha do que como um juiz.

E☆11 = Depressão

A depressão diante da doença é uma reação esperada, por isso o psicólogo deve cuidar atenciosamente do seu paciente sem criticá-lo por estar deprimido, servindo mesmo de suporte enquanto ele atravessa essa fase difícil de sua órbita em torno da doença. Entretanto, se a depressão se tornar muito profunda, ou muito prolongada, deixando de ser fase e virando estado, deve-se então considerar-se a possibilidade de tratamento médico com o uso de antidepressivos.

Para um paciente deprimido é muito melhor ser contagiado por um entusiasmo genuíno do que ser doutrinado por lições de moral. Por isso, cabe lembrar ao psicólogo: quando quiser estimular o paciente deprimido seja contagiante com sua vitalidade; não seja professoral.

Afirmar que o paciente deprimido não está fazendo nada é uma inverdade. Freud demostrou em "Luto e Melancolia" (1980, vol. XIV) que na depressão a energia psíquica abandona os objetos externos e volta-se para o interior, na tentativa de realizar um trabalho psíquico, a saber, o trabalho de elaboração das perdas, reais e imaginárias. Disso decorre a noção de que a atuação do psicólogo deve se dar no sentido de proporcionar suporte, de assessorar o paciente nesse trabalho. Como sempre, isso é feito por meio de uma escuta cuidadosa e capaz de por em realce os mínimos sinais dessa elaboração.

Nunca é demais repetir a recomendação para que o psicólogo se lembre de considerar a possibilidade de a depressão ser provocada, ou potencializada, por alguma medicação em uso. Nesse caso é interessante discutir a questão com a equipe médica.

O paciente deprimido, em especial se a depressão for do tipo melancólica, encontra-se em situação de risco para o suicídio. O psicólogo deve permanecer atento e, ao identificar efetivamente esse risco, cabe a ele tomar as providências necessárias conforme especificadas mais adiante.

No caso de depressão em pacientes terminais seguimos a orientação de Kubler-Ross. Essa autora aponta a coexistência de dois tipos distintos de depressão presentes nesses pacientes; a depressão reativa e a depressão preparatória. A primeira é uma reação às perdas provocadas pela doença, tais como perda de autonomia ou perdas nascísicas, como no caso da perda do seio em mulheres mastectomizadas em razão do câncer de mama. A segunda leva em conta as perdas que estão por vir, incluindo a perda da própria vida, e constitui-se em verdadeira preparação para a morte por meio do desinvestimento dos objetos pulsionais externos e de uma tentativa progressiva de desligamento do mundo. No caso da depressão reativa cabe, além do trabalho interpretativo e do questionamento das crenças sobre as perdas, um certo manejo das situações concretas, ajudando o paciente a resolver problemas específicos como, por exemplo, providenciar roupas adequadas e próteses estéticas no caso das mastectomizadas acima mencionadas. Já no caso da depressão preparatória não cabe esse tipo de intervenção otimista. Segundo a autora "...nossa primeira reação para com as pessoas que estão tristes é tentar animá-las, dizer que não encarem os fatos a ferro e fogo. Procuramos encorajá-las a olhar o lado risonho da vida e as coisas positivas e coloridas que a circundam. Geralmente isso é conseqüência de nossas próprias necessidades, de nossa incapacidade de suportar por muito tempo uma fisionomia amuada. Essa abordagem pode ser útil quando se trata do primeiro tipo de depressão, mas quando a depressão é um instrumento de preparação para as perdas iminentes, o encorajamento e o otimismo exagerado não têm razão de ser. Se deixarmos que o paciente exteriorize seu pesar ele aceitará mais facilmente a situação e ficará agradecido aos que puderam estar com ele nesse estado de depressão sem repetir constantemente o "não fique triste". O trabalho psicológico nesse segundo tipo de depressão geralmente é silencioso, em contraposição ao primeiro, que requer muita conversa, já que o paciente tem muito a comunicar. No pesar preparatório há pouca ou nenhuma necessidade de palavras, em geral um toque carinhoso de mão, um afago nos cabelos ou apenas um silencioso sentar-se ao lado é suficiente.

E☆12 = Enfrentamento

O enfrentamento realista da doença é, geralmente, um ponto de chegada após longa e laboriosa jornada, e quase nunca é um ponto de partida, por isso o psicólogo não deve se angustiar se o paciente demorar a atingir essa posição — é preciso ter paciência.

Ao contrário do que pode parecer, quando o paciente se encontra na posição de enfrentamento, ele ainda precisa de muita ajuda. Está digerindo um real muito duro, e é bem mais fácil fazer essa elaboração quando se tem um ouvinte amigável, que agüenta escutar coisas alegres e coisas tristes, do que quando se está sozinho com os próprios pensamentos. O psicólogo deve ser então um bom ouvinte, como um companheiro de viagem; será o bastante.

O enfrentamento é uma posição de fluidez, tanto de emoções como de idéias, e se o psicólogo não interromper esse fluxo com interpretações apressadas já fará muito, pois estará libertando o paciente do peso de ser coerente. Para o paciente, há que ser verdadeiro em relação a sua doença, e não coerente, e a verdade muda de instante para instante: o que o paciente disse e sentia ontem pode ser diferente do que diz e sente hoje, e não há nenhum problema nisso: essa noção é muito valiosa, pois mostra que o psicólogo não tem de se fixar na verdade que o paciente descobriu em relação a sua doença: ela pode ser apenas a primeira verdade, que logo será substituída por outra, que não tardará em ter o mesmo destino: ser substituída. Assim o importante é o paciente ser ajudado a falar a sua doença, e a falar novamente no dia seguinte.

A posição de enfrentamento se caracteriza pela alternância entre as posturas de luta e de luto em relação a doença, conforme o mostrado novamente no quadro abaixo. Então as intervenções do psicólogo hospitalar devem se dar no sentido de facilitar esse movimento entre a luta e o luto. O enfrentamento é luta e luto juntos, e não um ou outro. Acontece que algumas pessoas já são, por personalidade, muito mais afeitas à luta ou ao luto, e necessitarão da ajuda do psicólogo para desenvolver o outro pólo. Os tópicos mencionados no quadro abaixo podem muito bem servir de metas terapêuticas no atendimento psicológico desses pacientes, apontando em que direção devemos conduzir o tratamento. Então, se o paciente é "muito luta", ajude-o a fazer o luto, e se ao contrário, ele é "muito luto", ajude-o a lutar.

LUTA	**LUTO**
Reações Diante do Limite	Reações Diante da Perda
Fazer	Falar
Produzir	Elaborar
Mudar	Adaptar
Força	Flexibilidade
Garra	Profundidade
Disciplina	Sabedoria
Revolução	Aceitação
Ação	Meditação
Trabalho No Real	Trabalho Psíquico
Indústria	Alquimia

Quadro 13: Comportamentos na luta e no luto

E☆13 = Esperança

Toda a situação de adoecimento comporta uma possibilidade de esperança, sempre; e quando efetivamente não a houver, o paciente haverá de inventá-la, não cabendo ao psicólogo nenhuma intervenção retificadora em nome de uma presumível realidade. Essa esperança pode sobrevir sob muitas formas: o pensamento de que o médico trocou as fichas e está falando de outro paciente, a expectativa de que a medicina descubra uma nova droga para o tratamento da doença, a confiança, acima de qualquer explicação racional, na possibilidade de cura, a intuição de que no fim de tudo vai dar certo, e muitas outras. Essa esperança deve ser mantida, não importa sob que forma.

E☆14 = Bater papo

Tratar a pessoa, e não a doença, é um dos objetivos mais valiosos em psicologia hospitalar, e tal só se torna possível quando se conhece minimamente a vida da pessoa, seus interesses, seus assuntos favoritos, seu trabalho, sua condição de vida etc.; e uma ótima maneira de se alcançar esse conhecimento é conversando de maneira descompromissada com o paciente: um bate-papo sem temas pré-definidos. Esse tipo de intervenção é muito agradável para o paciente, e favorece uma transferência positiva com o psicólogo. É uma ótima técnica. Aliás, vale reforçar que, se para o psicólogo o atendimento é uma entrevista, para o paciente é melhor que ele se pareça a uma conversa, e nisso reside a arte da psicologia clínica.

E☆15 = A palavra pertence a quem escuta

A diferença entre um especialista e um diletante é a facilidade que o especialista tem em explicar os fundamentos de seu campo para todo mundo; supõe-se que ele domine tão amplamente sua matéria de trabalho que seja capaz de torná-la compreensível tanto para uma criança de oito anos de idade como para um adulto de 30 ou um idoso de 80. Mencionamos isso para ressaltar a preocupação que o psicólogo hospitalar deve ter com a linguagem, primeiro porque trabalha mesmo com a palavra e não cabe simplesmente falar sem se preocupar se foi compreendido pelo paciente, ou escutar sem ser capaz de supor todos os sentidos da mensagem que recebe; e segundo, porque convive no hospital com pessoas que usam uma linguagem bem diversa da sua, sejam pacientes oriundos de outro meio sócio-cultural, sejam colegas (médicos e enfermeiras) formados em outro campo técnico-social.

Não se trata de o psicólogo ter de dominar todas as linguagens praticadas no hospital. Isso não seria exeqüível, embora depois de algum tempo trabalhando no hospital o psicólogo acabe bastante familiarizado com o jargão da medicina e dos pacientes. Mas o que importa mesmo é que o psicólogo esteja preparado para variar o nível de complexidade de sua linguagem, do mais simples ao mais elaborado, para tornar o que ele tem a dizer acessível aos diferentes públicos com que trabalha. É necessário adequar a linguagem ao nível do ouvinte, já que a palavra pertence a quem escuta. Na comunicação humana, o que conta mesmo não é o que se quis dizer, e sim o que o outro entendeu do que se disse. É o ouvinte que confere sentido à mensagem.

E☆16 = Transferência

O que o paciente viveu sob transferência ele jamais esquecerá, ensina Freud (1980, vol. XII). Quando juntamos a essa idéia a noção de que a maior parte das relações que o paciente estabelece a partir de seu lugar de doente é transferencial, em razão da tendência regressiva imposta pela doença, temos uma boa idéia da importância desse tema em psicologia hospitalar.

A transferência positiva não costuma ser um problema em psicologia hospitalar, e até mesmo na maioria das vezes nem chega a ser objeto de atenção do psicólogo, pois favorece em tudo o modelo de tratamento proposto pela medicina no qual o doente é "paciente" receptivo de um médico agente, ativo e detentor de um saber que cura. Tudo flui bem. Trabalho mesmo o psicólogo vai ter no manejo da transferência negativa, seja na sua própria relação com o paciente ou quando é chamado para interferir na relação do paciente com o médico ou com a família. Segundo Lacan (Leite, 1992), existem duas estratégias para lidar com a transferência: interpretação da transferência e interpretação sob transferência.

INTERPRETAÇÃO DA TRANSFERÊNCIA – Aqui o psicólogo diz claramente para o paciente que o que ele está vivenciando nessa relação atual é uma repetição de seus relacionamentos infantis. É uma intervenção quase didática: "Perceba que a raiva que você está sentindo é provavelmente uma repetição da raiva que sentia pelos pais." Ou, um pouco mais sutil: "Você está se sentindo rejeitado pelo seu médico... mas pense bem, quem te rejeitava assim na infância?" Essa estratégia funciona bem quando o paciente já tem alguma capacidade de *insight*, do contrário ela só reforçará a irritação do paciente.

INTERPRETAÇÃO SOB TRANSFERÊNCIA – Aqui o psicólogo identifica o lugar em que o paciente o colocou, e usa essa informação para decidir como vai responder. Em primeiro lugar reconhece que os afetos negativos que lhe são dirigidos pelo paciente nada têm que ver com sua pessoa, são direcionados a um "outro imaginário" com o qual o paciente costuma se relacionar. O psicólogo não ficará dizendo que isso ou aquilo é transferência, ele não fala de transferência, mas fala sabendo que está sob transferência. Em segundo lugar, o psicólogo analisa que tipo de reação é mais adequada aos objetivos terapêuticos mais imediatos: ficar em silêncio e deixar o paciente expressar sua hostilidade sem represália; dizer que o que ele espera dos outros não é exeqüível, entrar no mérito da questão e levar a discussão adiante, etc.

Vejamos um exemplo. Um paciente em seu quinto encontro com o psicólogo mostra-se irritado, e reclama que essa história de psicologia hospitalar não está ajudando em nada. Pela primeira estratégia, a da interpretação da transferência, o psicólogo diria algo como "...bem, você está esperando que a psicologia resolva seus problemas. É como se você ainda quisesse que sua mãe lhe salvasse, e é por isso que você fica irritado comigo". Já pela segunda estratégia, a da interpretação sob transferência, o psicólogo identifica que o paciente busca colocá-lo num lugar de quem sabe resolver seus problemas e, sem fazer menção a qualquer termo teórico, diria algo assim "...é mesmo, parece que a psicologia não está mesmo resolvendo seus problemas. Como é que você imaginou que ela iria te ajudá-lo? Você acha que alguém pode mesmo fazer isso que você espera?", e por aí vai, criando condições para que o próprio paciente se dê conta de suas repetições e do caráter regressivo de seus relacionamentos.

Do ponto de vista da teoria lacaniana dos quatro discursos (quadro abaixo), o objetivo da psicologia hospitalar é estabelecer, com o paciente, o discurso do analista, mas sabemos que na maioria das vezes será preciso aceitar, estrategicamente, o lugar de mestre, do professor ou do suposto saber como um ponto de partida para o trabalho de atendimento psicológico. O que não pode é o psicólogo esquecer que está meramente ocupando um lugar e passar a acreditar que efetivamente sabe o que é melhor para o paciente.

Discurso do Mestre
Na minha experiência...
O médico sabe o que faz o paciente sofrer, e sabe a partir de sua sabedoria pessoal, de sua imensa capacidade; não faz referência a nada para validar tal conhecimento, a não ser a sua própria maestria, ou quase divindade. *Sabe porque sabe.*

Discurso do Cientista
Segundo a literatura...
O médico também sabe, mas não a partir de sua pessoa e sim fundamentado na ciência, no seu profundo conhecimento sobre os trabalhos científicos de muitos outros médicos. É a medicina baseada em evidências. *Sabe porque conhece.*

Discurso da Histeria
Doutor; eu sei que o senhor sabe...
O paciente instala o médico no lugar do suposto saber e espera que ele (o médico) não apenas o leve a cura mas que responsabilize-se por sua felicidade. *Sabe para salvar.*

Discurso do Analista
Mas... e aí?
O médico faz semblante de que sabe, mas gradualmente conduz o paciente a uma descoberta desconcertante: ele (o paciente) detém um conhecimento sobre si mesmo sem o qual não há cura possível. *Sabe para fazer saber.*

Quadro 14: Os quatro discursos (Lacan)

E☆17 = Situação vital desencadeante

Por definição a SVD (Situação Vital Desencadeante) é algum acontecimento de difícil assimilação por parte do sujeito, e que por isso mesmo deflagra ou ajuda a deflagrar o processo de adoecimento, como, por exemplo, uma separação amorosa ou a perda de emprego. Cabe à psicologia hospitalar a tarefa de criar condições para que a pessoa possa "digerir" esse acontecimento. Em geral a melhor estratégia para isso inclui aproximação gradual do tema, expressão das fantasias catastróficas ligada ao assunto e elaboração de planos a respeito de como lidar com suas conseqüências.

O paciente não precisa concordar que o problema foi realmente responsável, ou contribuiu para o desencadeamento da doença para poder trabalhá-lo psicologicamente, se ele se dispõe a falar sobre o assunto já se tem um ótimo ponto de partida para o trabalho terapêutico. A relação entre o assunto e a doença virá com o tempo e com a maturidade da elaboração psicológica.

E☆18 = Ganho secundário

Os privilégios, materiais e psicológicos, que uma pessoa obtém ao adoecer precisam ser manejados com muito tato. Em primeiro lugar, cabe evitar uma postura de crítica e julgamento. Idealmente o paciente deveria tomar consciência de que está obtendo algum tipo de benefício com a doença e discutir com o psicólogo o quanto isso pode dificultar sua total recuperação. Entretanto, com muita freqüência, o paciente não reconhece tal situação, e nesse caso a estratégia do psicólogo hospitalar estará em não reforçar ainda mais esses ganhos e, além disso, orientar a família e a equipe nesse sentido.

Situações clínicas

E☆19 = O paciente desenganado

Diz-se que o paciente foi desenganado quando ele se encontra fora das possibilidades terapêuticas oferecidas pela medicina, quando não há mais possibilidade de cura ou de mantê-lo vivo. É um momento terrível, tanto para o paciente como para os familiares e médicos, mas esse não é o final da história. Acontece muita coisa relacionada à psicologia hospitalar depois desse veredicto.

Em primeiro lugar o psicólogo não deve assumir como seu esse veredicto, já que a psicologia hospitalar não trabalha com a cura, e sim com o desejo. O que deve orientar o trabalho do psicólogo é o desejo de vida do paciente e não a possibilidade de vida do paciente. Por exemplo, uma pessoa que sofre de uma doença simples, cuja cura é praticamente certa, pode vir a se deprimir, perdendo o seu desejo de viver; já a outra, portadora de uma doença maligna, como um câncer incurável, pode encontrar forças para lutar pela vida até o fim. Em psicologia hospitalar, tratamos do desejo, e não do prognóstico, e por definição no desejo há esperança sempre.

Certa vez uma moça que se submetia a análise comigo já há alguns anos estava enfrentando um problema de saúde bastante grave em sua família. Uma tia muito querida sofrera um AVC (derrame cerebral) e encontrava-se em coma na UTI, desenganada, sem que os médicos lhe dessem qualquer esperança de vida e, ao contrário, diziam para os familiares que se preparassem para o pior. Quando minha analisanda, que possuía alguns conhecimentos médicos em razão de sua profissão, procurava os médicos em busca de uma palavra de esperança, eles lhe diziam que não deveria se iludir, que o lugar onde ocorrera o sangramento no cérebro era muito profundo, o que era mau sinal. Durante várias sessões de análise ela se queixava dessa atitude dos médicos, que não lhe permitiam nenhuma esperança. Mostrava-se indignada com o que classificava de frieza exagerada dos médicos. Ela queria, mas não podia acreditar que sua tia possuía alguma chance de sobrevivência. Em meio a esse relato angustiado ocorreu-me dizer-lhe que o prognóstico pertence aos médicos e a esperança pertence a ela, e terminamos a sessão nesse ponto. Na sessão seguinte ela me contou que sua tia continuava na mesma, mas que agora ela, a analisanda, tinha esperança, e sentia-se melhor assim, queria acreditar que havia uma chance.

Essa pessoa queria uma autorização dos médicos para ter esperança, mas esses não lhe davam, preocupados que estavam em se resguardar de uma falsa promessa de cura. O que ela não percebia é que a esperança é uma questão pessoal: a esperança era dela, o prognóstico é que era dos médicos. O prognóstico é uma análise baseada em dados estatísticos, enquanto a esperança é um desejo, e como tal deve ser bancado por quem o tem. Quando ela se deu conta disso, pôde ter sua esperança. Felizmente sua tia melhorou, saiu da UTI, teve alta do hospital e hoje apresenta apenas um leve déficit de memória, sem outras seqüelas mais graves. É evidente que a tia não melhorou por causa da esperança da sobrinha, mas foi essa esperança que ajudou minha analisanda a enfrentar um momento de adoecimento.

E☆20 = Risco de suicídio

Os pacientes que mais freqüentemente se encontram em situação de risco aumentado para suicídio são os seguintes: paciente com depressão tipo melancólica, paciente com histórico de doença psiquiátrica grave, paciente com histórico de tentativa de suicídio anterior, paciente etilista crônico ou com quadro de dependência química grave, pacientes sem apoio familiar consistente, paciente em estado terminal ou com doença grave recém diagnosticada, e pacientes com graves problemas sociais e financeiros (Kaplan & Sadock, 1995).

É evidente que não basta o paciente ser enquadrado em um dos tipos acima para ser considerado em situação de risco aumentado para suicídio. Há mais três critérios a ser analisados. O paciente apresenta ideação suicida? Tem planos suicidas? Dispõe de meios para a realização desses planos?

Todo mundo já pensou, algum dia, na idéia de resolver alguma situação difícil morrendo, mas isso como uma idéia fugaz, passageira. É algo normal. Mas se tal idéia se torna muito freqüente, se a pessoa passa a considerá-la seriamente, se quando inquirido diz estar pensando em se matar, então dizemos que existe, sim, *ideação suicida*, e esse é o primeiro nível de gravidade. Se além de ter tal idéia a pessoa estiver fazendo um plano, considerando como, quando e onde consumaria o fato e tomando providências concretas nesse sentido, dizemos que existe *plano suicida*, e esse é o segundo nível de gravidade. Se além da idéia e do plano, a pessoa dispõe de meios efetivos para consumar o plano, tais como fácil acesso a armas de fogo, venenos, acesso a lugares altos, etc., dizemos que existe *ideação, plano e meios suicidas* e esse é, naturalmente, o nível mais grave de todos.

Ao fazer o diagnóstico de situação de risco aumentado para suicídio, o psicólogo deve tomar as seguintes providências:

- Comunicar sua avaliação de imediato, sem nenhum tipo de adiamento, à enfermagem, à equipe médica e, em momento oportuno, aos familiares e ao próprio paciente.
- Registrar sua avaliação e as providências tomadas no prontuário do paciente.
- Recomendar que a partir daquele instante o paciente não seja deixado sozinho, seja mantido sob observação 24 horas por dia, até nova avaliação.
- Recomendar a retirada imediata dos meios disponíveis para a realização de atos suicidas pelo paciente, tais como bloquear janelas, retirar armas de fogo, se estiverem disponíveis, retirar cordas e instrumentos cortantes, controlar o acesso do paciente a substâncias químicas, incluindo remédios, etc.
- Solicitar interconsulta psiquiátrica.
- Programar as sessões de atendimentos psicológicos o mais amiúde possível, e fazer reavaliações freqüentes do quadro.
- Tratar o risco aumentado para suicídio como sintoma e proceder em relação a ele segundo as estratégias básicas E☆1, E☆2, E☆3 e E☆4.

E☆21 = O paciente religioso

A fé ajuda as pessoas a atravessarem os momentos difíceis da vida, sendo a doença e a morte os maiores dentre eles. Assim, na prática da psicologia hospitalar, a fé raramente se opõe à ciência, constituindo-se mesmo em uma força de superação a ser incentivada pelo psicólogo. Entretanto, pode vir acontecer de o paciente recusar o atendimento psicológico alegando que a fé lhe é o bastante. Nesse caso, o psicólogo pode explicar que uma coisa não exclui a outra e usar essa questão estrategicamente, estimulando o paciente a falar de sua religiosidade, afinal, em psicologia hospitalar falamos sobre qualquer assunto, em especial aqueles que são importantes para o paciente, e não apenas sobre doenças. Mas se mesmo assim a recusa permanecer, se não se evidenciar nenhuma demanda pelo atendimento psicológico, devemos acatá-la; não há motivos para impingir tratamento psicológico a quem não o queira.

Quando o psicólogo é chamado para atender um paciente que se recusa a receber o tratamento médico indicado (cirurgia, transfusão, etc.) por motivos religiosos, a melhor estratégia é começar ouvindo o paciente, criando condições para que surja o "certo do paciente" e não apenas o "errado da situação". Por mais absurda que essa recusa do ponto de vista médico possa parecer, ela também comporta uma verdade válida e significativa no universo psicológico e cultural do paciente. Ao reconhecer essa verdade do paciente, o psicólogo o ajuda a resolver o impasse, seja no sentido de suportar as conseqüências médicas de sua recusa, seja no sentido de lidar com as conseqüência psicológicas, caso ele venha a mudar de posição, aceitando o tratamento. Em qualquer das opções haverá muito a ser falado. Por outro lado, esse tipo de situação não é apenas psicológica, abrindo-se para o campo da bioética e implicando muitos outros profissionais em seu manejo: médicos, assistente social, religiosos, advogados e administradores hospitalares.

Na cena hospitalar existem, além dos psicólogos, outras pessoas interessadas em acolher a subjetividade do paciente, tais como padres, pastores e voluntários, com os quais o psicólogo hospitalar deve procurar uma relação de cooperação; cada um tem seu campo de trabalho e sua especificidade. Psicólogos e religiosos tem em comum uma vontade de escutar o paciente, a disposição para tratá-lo com ternura e paciência, e a postura de aceitação incondicional, mas as semelhanças param por aí, já que os objetivos são bem distintos. Os religiosos impulsionam o paciente em direção a uma verdade maior e transcendente — Deus — enquanto o psicólogo favorece o encontro do paciente com uma verdade particular e individual: seus desejos diante da experiência do adoecimento. São coisas diferentes, mas ambas ajudam o paciente nesse seu terrível encontro com um real chamado "doença". Comentando essa parceria, Savioli (2002), diz o seguinte: "A dificuldade de alguns para aceitar a associação entre fé e medicina vem dos exageros, tanto de um lado como de outro. Existem aqueles que julgam a medicina desnecessária por crerem na possibilidade de serem curados sem o auxílio de algum tratamento. Em contrapartida, muitos profissionais de saúde agem como se a única possibilidade para a recuperação da saúde se encontrasse nos tratamentos médicos. As duas posições são desmentidas pela ciência e tampouco possuem fundamento bíblico."

E☆22 = O paciente que não pediu para ser atendido

A solicitação de atendimento psicológico em geral parte do médico, da enfermagem ou da família. Se o paciente concorda com esse pedido o trabalho do psicólogo fluirá sem muitos problemas, mas se o paciente não foi consultado, ou se demonstrar ser contrário a tal solicitação, aí o psicólogo estará diante de um grande desafio: atender alguém que não pediu para ser atendido. Uma boa estratégia nesses casos é discutir com o paciente os supostos motivos que levaram as pessoas a pensar que um atendimento psicológico seria benéfico. Com isso, o psicólogo tem a oportunidade de explicar o que é o atendimento psicológico, desfazendo possíveis fantasias do paciente sobre psicologia, como, por exemplo a idéia de que "psicologia é para louco", ou que ela vem para convencê-lo a fazer algo que ele não deseja. Essa discussão já fornece ao paciente oportunidade para expressar como tem sido sua vivência do processo de adoecimento. Na seqüência, o psicólogo restitui ao paciente o poder de decidir sobre o atendimento perguntando se ele concorda em experimentar alguma entrevista sem nenhum compromisso de continuidade. Se mesmo assim o paciente se recusar, convêm que o psicólogo não "force a barra", mas mantenha sempre uma porta aberta, por exemplo, deixando com o paciente informações de como encontrá-lo no hospital caso mude de idéia, ou propondo uma nova visita dentro de um ou dois dias. Não há nada de errado em o psicólogo se oferecer. Com a oferta se cria a demanda, diria Lacan (Moretto, 2001). Se o paciente assumir uma postura do tipo "tanto faz, se você quiser voltar amanhã...você é quem sabe", o psicólogo deve entender isto como um "sim" e aproveitar a oportunidade. O trabalho começa por onde é possível, e não por onde seria melhor.

E☆23 = O paciente silencioso

Quem não fala é falado; eis aqui a estratégia básica que orienta o trabalho com aqueles pacientes que não falam, seja devido a uma condição física ou devido a um mutismo voluntário. Se o psicólogo não consegue *falar com* o paciente, ele *fala para* o paciente, ou *fala sobre* o paciente, mas fala, posto que esse é seu meio de trabalho.

As condições clínicas que mais impedem o paciente de falar são as seguintes: coma, fraqueza extrema, sedação, lesão na região oral, entubação para respiração por aparelhos e seqüelas de AVC. Nessas condições o psicólogo deve buscar formas alternativas de comunicação, tais como gestos ou comunicação escrita. Considerando que o paciente não fala, mas escuta, o psicólogo apropria-se estrategicamente da palavra e passa a falar para o paciente, dizendo-lhe que sabe que ele não consegue falar, dando-lhe noticias do andamento de seu tratamento, falando-lhe do carinho e da preocupação de seus familiares e amigos, incentivando-o a continuar enfrentando a doença, lendo jornais ou livros para ele, etc.

Quando a razão do silêncio for um mutismo voluntário, convém tomar esse mutismo como sintoma e avaliá-lo em termos de saúde mental. O mutismo se deve a uma rebeldia? Ou é sinal de depressão? Sugere um distúrbio psicótico? O trabalho do psicólogo se fará no sentido de falar para o paciente, ou falar sobre o paciente. Uma maneira alternativa de fazê-lo é conversar ao lado do leito do paciente, sobre ele, com algum familiar ou membro da equipe. A conversa poderá ser sobre como a doença começou, ou como vai o tratamento. Esse tipo de intervenção deve ser cuidadosa, deve funcionar como um convite e não como uma invasão, e deve ser constantemente reavaliada.

Também é uma boa estratégia aceitar a recusa do paciente, ficar pouco tempo com ele e dizer que voltará outro dia. Além de demonstrar respeito pelo desejo do paciente mantém aberta a possibilidade do tratamento.

Mas nem todo silêncio se deve a uma resistência psicológica ou a um impedimento físico, há também o silêncio pleno, aquele silêncio dos momentos em que não há nada a ser dito. Para esse tipo de silêncio, uma estratégia que viesse a restaurar a fala, como essa que comentamos até aqui, não é adequada. Nesses casos o melhor mesmo é colocar-se calmamente ao lado do paciente, como que ouvindo o silêncio, em uma espécie de terapia do silêncio, no dizer de Kubler-Ross (1989), estabelecendo uma comunhão não verbal por meio de um gesto, de um toque suave para marcar a presença e nada mais.

E☆24 = Contar ou não contar

Feito o diagnóstico de uma doença maligna ou incurável, o passo a seguir é comunicá-lo ao paciente e à família, coisa que nunca é fácil, para nenhum dos envolvidos. Tradicionalmente essa responsabilidade de anunciar as más notícias tem sido dos médicos, mas cada vez mais, em função da formação de equipes multidisciplinares, o psicólogo vem sendo solicitado para participar destas situações. Apresentamos abaixo algumas estratégias para lidar com esses momentos, tanto para o médico como para o psicólogo.

Contar ou não contar é o primeiro dilema. Alguns estudos (Cassem, 2001) demonstram que a maioria dos pacientes deseja conhecer a verdade. Dos 740 pacientes de uma clínica oncológica a quem se perguntou, antes do diagnóstico, se queria saber a verdade, 99% disseram que sim. Fez-se a mesma pergunta em outro grupo de pacientes após o estabelecimento do diagnóstico e 89% responderam que sim. Vários outros estudos apoiam a idéia de que a verdade é desejada pelos pacientes em estado terminal e que ela não causa perturbação psicológica adicional. Cem pacientes foram divididos em dois grupos: no primeiro grupo os pacientes foram informados do real significado de seus diagnósticos juntamente com seus familiares; no outro grupo, apenas a família foi comunicada, excluindo-se o paciente da conversa. Inicialmente pareceu haver maior alteração emocional no grupo em que a informação foi dada ao paciente e à família, mas no acompanhamento, contudo, as dificuldades emocionais das famílias dos pacientes protegidos da verdade ultrapassaram em muito as dos pacientes e famílias que receberam as informações simultaneamente. Parece que uma carga repartida se torna mais leve, afirma Cassem, acrescentando que os familiares devem ser ajudados a apoiar o paciente, e uns aos outros, e, quando se permite que o paciente apoie seus familiares, a sensação de ser um peso morto se desvanece. Mas como nenhuma estatística é uma verdade total, a equipe deve estar preparada para lidar com os pacientes que não desejam saber coisa alguma sobre seus diagnósticos.

Kubler-Ross (1989) afirma, a partir de sua vasta experiência com pacientes terminais, que a pergunta a ser feita é "como contar?", muito mais do que "contar ou não contar?" Eis, textualmente, o que ela diz: "o médico deveria antes examinar sua atitude pessoal frente à doença maligna e à morte, de modo a ser capaz de falar sobre assunto tão grave sem excessiva ansiedade. Deveria prestar atenção nas dicas que lhe dá o paciente, possibilitando extrair delas boa disposição para enfrentar a realidade. Quanto mais gente envolvida com o paciente souber do diagnóstico de tumor maligno, mais cedo ele perceberá seu verdadeiro estado, pois são poucos os atores capazes de conservar no rosto por muito tempo uma máscara aceitável de animação. A maioria dos pacientes, senão todos, acabam descobrindo, de um modo ou de outro. Eles percebem quando acontece uma mudança nas atenções, descobrem pelo jeito diferente com que as pessoas se aproximam dele, pelas conversas em voz baixa, pelo evitar de comentários, pelo rosto choroso de um parente, ou pelo modo gentil e sorridente de um familiar que não consegue disfarçar seus reais sentimentos. Os pacientes fingem não saber quando médicos e parentes são incapazes de revelar o verdadeiro estado de sua saúde e dão graças a Deus quando alguém se decide a contar, deixando que mantenham suas defesas durante o tempo que sentirem necessidade.

Saber compartilhar uma notícia dolorosa com o paciente é uma arte. Quanto mais simples o modo de dar a notícia, mas fácil é para o paciente "esquecê-la" depois, no caso de não poder enfrentá-la naquele momento. Nossos pacientes apreciaram mais quando receberam a notícia na intimidade de um pequeno quarto, do que em um corredor movimentado. O que mais os confortava era o sentimento de empatia, um sentimento mais forte do que o sentimento da tragédia imediata da notícia, era a afirmação de que se faria tudo o que fosse possível, de que não seriam largados, de que existiam tratamentos válidos, de que sempre havia um fio de esperança, até mesmo nos casos mais avançados. Se puder comunicar a notícia desse jeito, o paciente continua depositando confiança no médico, que disporá de tempo para controlar as diferentes reações, facilitando a luta contra essa nova e difícil situação de vida."

E☆25 = Assistência ao paciente terminal

Quando a doença avança, consumindo a vida, e alcança um estágio em que a cura já não é mais possível e a morte assoma inexorável no horizonte, outra medicina vem em auxílio do paciente: a medicina paliativa. Sim, ainda há muito que fazer pelo paciente quando já não há mais nada há fazer pela cura. Se na medicina curativas as ações médico-biológicas prevalecem sobre as intervenções psicossociais, na medicina paliativa cresce dramaticamente a importância do trabalho psicológico familiar e espiritual, e com ele a participação do psicólogo hospitalar.

Em uma introdução aos cuidados paliativos, o pesquisador norte americano Ned Cassem (2001) diz o seguinte: "Manter o paciente asseado apesar da quase contínua incontinência esfincteriana, neutralizar odores desagradáveis, aspirar freqüentemente secreções brônquicas, controlar os edemas periféricos e pulmonar, prevenir escaras, conter um delírio e lutar contra as forças psicossociais que podem levar a fragmentação da família são as ações concretas mais necessárias, e geralmente levam ao desgaste até os profissionais de saúde mais hábeis. Do ponto de vista psicológico o conjunto peculiar de mecanismos de enfrentamento que os pacientes utilizaram no passado para manter a auto-estima e a estabilidade é o ponto central do processo. Ademais, religião e espiritualidade provavelmente são aspectos importantes para o paciente e familiares, e o apoio nesse setor é essencial para a assistência paliativa."

Algumas das estratégias sugeridas abaixo referem-se ao atendimento psicológico, enquanto outras dizem respeito à participação dos médicos, enfermeiras e familiares nos cuidados com os pacientes. Essas últimas são consideradas aqui porque muitas vezes o psicólogo é chamado a lidar com as angústias desses profissionais, e por isso é importante que tome conhecimento das tarefas que lhe são impostas no trato com o paciente à beira da morte.

TRATAMENTO INDIVIDUALIZADO – Para o profissional de saúde, talvez mais importante do que qualquer outro princípio ao tratar os pacientes terminais, é de crucial importância tornar o tratamento individualizado. Isso pode ser feito somente quando ele conhece o paciente, entendendo suas necessidades e interesses, acompanhando o ritmo do paciente e permitindo que ele molde as maneiras pelas quais se dará o atendimento psicológico.

MORTE DIGNA — Weisman e Hackett (Cassem, 2001) listam as principais diretrizes para ajudar um paciente a enfrentar a morte de forma digna: 1 — estar relativamente livre de dor; 2 — ter suas funções corporais funcionando o melhor possível, dentro dos limites de sua possibilidade; 3 — reconhecer e resolver os conflitos interpessoais passíveis de serem manejados; 4 — Realizar os desejos restantes que sejam compatíveis com seu ideal de ego; 5 — Passar o controle das coisas práticas para outros em que tenha confiança.

DEPRESSÃO — A depressão em sua forma de luto, caracterizada pelo desinvestimento libidinal dos objetos externos seguida de um trabalho de elaboração das perdas é bastante compreensível em pacientes terminais, e como tal deve ser respeitada. Entretanto, se a depressão assumir um caráter melancólico, em especial com ideação suicida, o paciente deve ser reavaliado considerando-se a possibilidade de intervenção ou psiquiátrica, até mesmo com uso de medicação antidepressiva. Talvez alguém possa objetar a essa orientação perguntando "muito bem, mas o que queremos, que o paciente morra alegre?". Não, evidentemente não almejamos tal coisa, mas queremos que o paciente, se possível, morra sem muita dor e com a angústia em níveis suportáveis. Considerando que poucas formas de sofrimento humano se comparam à depressão melancólica ou a excedem, é legítima a tentativa de minimizá-la. Além disso, convém lembrar que o termo "paciente terminal" não é sinônimo de paciente agonizante (que provavelmente morrerá nos próximos instantes) e sim de paciente sofrendo de uma doença sem possibilidade de cura, mas que ainda pode ter algum tempo de vida pela frente, vida que deve ser mantida na melhor qualidade possível.

ALÍVIO DA DOR — O alívio da dor é básico em todos os planos de assistência paliativa a pacientes terminais e deve ser atingível na maioria dos casos, já que a medicina dispõe de amplos recursos para isso: analgésicos, anestésicos e cirurgias. Ainda assim, é freqüente encontrarmos pacientes terminais que tem sua dor não tratada ou subtratada devido a um receio dos médicos e familiares em relação a uma possível dependência dos medicamentos (drogadicção). Essa é uma falha de tratamento inaceitável nos dias atuais. Tal preocupação em evitar que o paciente fique dependente dos analgésicos não faz sentido no caso dos pacientes terminais.

FAMÍLIA — Quando o paciente entra na fase terminal, a família inteira se torna o foco mais adequado para os cuidados dos profissionais de saúde, seja porque as dificuldades psicológicas surgirão não apenas no paciente, mas em vários membros da família, seja porque é da família que brotarão as forças necessárias à superação dessa situação. Cuidar de uma pessoa em estado terminal é potencialmente uma oportunidade de crescimento tanto para a família como para o paciente.

CRIANÇAS — Muito freqüentemente se coloca a questão de recomendar ou desaconselhar a visita de crianças a pacientes terminais. Para o paciente é bem estabelecido que a presença das crianças da família são uma fonte de alívio e consolo. Já em relação à própria criança, a melhor regra para se determinar se ela deve ou não visitar um parente em estado terminal é perguntar-lhe se ela quer fazer a visita ou não. Não se encontrou critério melhor.

NÃO-ABANDONO — As relações interpessoais são a força de suporte psicológico mais poderosa no final da vida. Por isso os profissionais de saúde devem se lembrar que sua própria presença é valiosa. É evidente que cuidar de um paciente terminal gera muita angústia, frustração, irritação e desânimo, mas nada disso deve privar o paciente da presença reconfortante e asseguradora do médico, dos familiares e dos outros profissionais de saúde, que então, devem fazer um esforço no sentido de aprender a conviver com esses sentimentos negativos e resistir à tentação de evitar ou minimizar o contato com pacientes terminais. Os pacientes geralmente são muito bons em perceber como pessoas que inicialmente demonstravam interesse foram gradualmente desaparecendo de cena. Aos psicólogos cabe lembrar a definição freudiana de tratamento psíquico: "É o cuidado que uma pessoa presta a outra a partir de sua presença em pessoa".

INTERESSE — Em situações-limite como a de um paciente terminal, quando não há mais nada a fazer do ponto de vista técnico, ser empático é de grande valia para o paciente. No entanto, essa empatia não pode ser fingida, não é uma técnica: há que ser genuína, nascida de uma verdadeira compaixão do profissional para com o doente. Compaixão é uma palavra de origem latina formada pela raiz "com", que significa "juntamente", e "pathos" que significa sofrer, ou seja, sofrer com a outra pessoa (Berlink, 2000). Assim, ser empático com alguém que está morrendo inclui necessariamente um encontro com a idéia da morte própria, o que nunca é facial, tanto mais quando se é jovem, como ocorre com a maioria dos psicólogos envolvidos com a psicologia hospitalar na atualidade. É isso que explica porque é "tão pesado" trabalhar com pacientes terminais, mas é um trabalho que precisa ser feito. É fundamental que o paciente sinta que o profissional está verdadeiramente interessado em sua condição, e isso vale muito mais do que remédios e técnicas terapêuticas.

COMUNICAÇÃO — Conversar com quem está morrendo é uma atividade angustiante e paradoxal. A maioria das pessoas, profissionais ou familiares, deseja encontrar a coisa certa a ser dita, mas infelizmente parece que tal coisa não existe *a priori*. Além disso, a prática tem ensinado que a *capacidade de ouvir* é mais importante que a *capacidade de dizer*. Sauders (Cassem, 2001) resume bastante bem a situação: "A questão real não é o que você diz a seus pacientes mas o que você deixa os pacientes lhe dizer." Freqüentemente as pessoas não conseguem permitir que o paciente terminal fale francamente o que se passa em sua mente sobre a morte e o morrer, por considerarem tal assunto mórbido, depressivo demais. É uma tentativa de afastar a morte, mesmo quando ela está bem ali. Um bom ouvinte deve ser capaz de sustentar uma conversa sobre isso se o paciente desejar, e penso que o psicólogo pode ser esse bom ouvinte. Por outro lado, não é necessário conversar apenas sobre coisas esotéricas e transcendentais com o paciente terminal. A conversa deve versar sobre tudo, tudo o que o paciente mostrar interesse e não sobre tudo o que o psicólogo achar importante. Pode mesmo acontecer de o paciente jamais querer falar sobre a morte, preferindo assuntos ligados a seus interesses, seu trabalho, sua família, e mesmo seu futuro. Sim, no universo simbólico o futuro sempre existe, mesmo que no biológico ele esteja se extinguindo. Quem escolhe o tema de conversa é o paciente, não o terapeuta, e não deve haver nem assunto proibido nem assunto obrigatório.

FÉ — As pessoas que possuem uma fé religiosa consistente e interiorizada dispõem de um recurso de grande valia no enfrentamento de uma doença terminal. Além disso, elas geralmente fazem parte de alguma comunidade de pessoas que são excepcionalmente atenciosas e generosas em proporcional apoio. Pode ser interessante o psicólogo contatar tais pessoas e sugerir o contato delas com o paciente. Se o paciente não é uma pessoa religiosa, convém pesquisar sobre suas convicções a respeito da vida que geralmente estão codificadas em algum tipo de filosofia que ocupa o mesmo espaço da religião no psiquismo do paciente. A consideração desses aspectos filosóficos e religiosos é obrigatória para o psicólogo hospitalar em sua estratégia de atendimento.

EUTANÁSIA — Pacientes com doença fatais, em coma irreversível, em estado vegetativo persistente ou em situação de vida assistida por aparelhos costumam colocar a equipe de profissionais e a família diante de questões bastante difíceis, tais como continuar ou interromper o tratamento, desligar ou não os aparelhos, quem tem que decidir sobre tais coisas, a família, o paciente, o médico ou o estado, doar ou não doar órgãos. Infelizmente, ainda não existem diretrizes claras e objetivas sobre como lidar com tais situações, a não ser a de que nenhum profissional deve se arvorar ao direito de conduzir sozinho tais casos, até porque existem questões jurídicas envolvidas. Será de muita valia para seu trabalho o psicólogo procurar se manter atualizado sobre o tema da bioética.

MANEJO — Kaplan & Sadock (1995) propõem, esquematicamente, seis diretrizes para o manejo do paciente terminal: 1 — Ofereça informações corretas e apropriadas aos paciente. 2 — Permita que o paciente verbalize seus temores e lhes dê a garantia de que não serão abandonados. 3 — Determine as prioridades do paciente e acate suas definições de qualidade de vida. 4 — Ajude o paciente a manter a esperança. 5 — Em algum momento faça a transição do objetivo primário de curar para o objetivo secundário de cuidar. 6 — Evite tratamento excessivamente zeloso, sobretudo se esse entrar em conflito com os desejos do paciente ou de sua família. 7 — Enquanto a morte se aproxima, e começa a fantasia do fracasso terapêutico, evite a tendência ao afastamento, tão comum nos profissionais de saúde.

E☆26 = O psicólogo no pronto-socorro

Pronto-socorro é o local destinado ao tratamento das emergências médicas. Entende-se por emergência as situações clínicas em que a vida do paciente encontra-se em risco imediato, e por isso requerem tratamento igualmente imediato. Assim, o objetivo do pronto-socorro é a estabilização das funções vitais do paciente e o alívio da dor. Ficam excluídos, portanto, objetivos mais a longo prazo, como a cura completa da doença, ou o tratamento dos aspectos psicológicos a ela relacionados. Isso não autoriza os profissionais que trabalham no pronto-socorro a agir como se não houvesse um psiquismo ligado àquela emergência biológica, como se o corpo não fosse também uma pessoa. O aspecto psíquico está sempre lá, influenciando o andamento das coisas. Ocorre que não é o alvo das ações médicas naquele instante. Essa caracterização do atendimento emergencial no pronto-socorro situa o atendimento psicológico em uma espécie de "momento dois", sendo o "momento um" o atendimento médico, e isso tem mesmo sua lógica: o pronto-socorro é um pronto-socorro médico e não um pronto-socorro psicológico, que pode até existir, mas é outra história, nada tendo que ver com a psicologia hospitalar.

Vejamos um exemplo. Uma paciente deprimida, há muito em tratamento psiquiátrico, tentou suicídio cortando os pulsos e dá entrada no pronto-socorro com quadro de hemorragia moderada. É o momento adequado para chamar um psicólogo? Evidentemente que não. Em primeiro lugar é preciso resolver o problema médico, restaurando as condições mínimas para que qualquer atendimento psicológico ocorra. Aí sim o psicólogo entra em cena.

Quando o psicólogo é chamado a intervir, o risco de vida mais imediato, em princípio, já foi controlado e por isto ele, o psicólogo não deve entrar em ritmo de agitação e correria, tão típico de uma sala de emergência médica, pois ansiedade gera ansiedade e o que se espera da intervenção do psicólogo é que ela seja calma, tranqüila e crie outro ritmo, mais acolhedor para o paciente. Podemos resumir essa estratégia na seguinte frase: no pronto-socorro não corra, ande.

Do ponto de vista psicológico, as situações de emergência se caracterizam por uma inundação do real no simbólico, onde o sujeito mergulhado nesse mar de sensações cruas e intensas não encontra meios de fazer valer a simbolização como forma de enfrentamento. O objetivo do psicólogo hospitalar é restaurar a simbolização, buscando a palavra como forma de enfrentamento da situação emergencial. No dizer de Sterian (2000) "...é na produção de um espaço criativo que temos a possibilidade de dar conta do insuportável e do impossível". É interessante notar que nas situações mais difíceis da vida, quando não há mais nada a fazer, porque tudo já foi feito, ainda resta uma coisa a fazer: falar.

O pronto-socorro é o lugar das imprevisibilidades, como a UTI é o lugar das intensidades, o que exige dos profissionais que trabalham nesse local uma boa dose de flexibilidade. Costa & Miranda (Angerami, 1998) comentam que "...na unidade de urgência não há rotinas, e diante desse contexto tão diferenciado o que se procura é resguardar ao máximo o paciente, na medida do possível, pois muitas vezes o atendimento acontece no corredor, ou entre macas que se espremem, na portaria, no necrotério, do lado de fora do hospital, nas salas de observação que comportam pacientes, familiares e equipe de saúde. É um trabalho que exige criatividade do psicólogo para possibilitar a verbalização dos conteúdos emocionais e do doente e do seu acompanhante."

Na situação de emergência o sujeito só sente angústia, não faz metáfora. Com uma oferta de escuta o psicólogo cria condições para que as metáforas se instalem com todo o seu poder de enfrentamento real. Na emergência o médico trabalha com *coisas a fazer* e o psicólogo com *coisas a dizer*. Isso vale tanto para as situações-limites vivenciadas no pronto-socorro, como também para outros momentos existenciais. Por exemplo, numa situação de separação amorosa a pessoa rejeitada, após ter tentado, sem êxtito, tudo o que podia para segurar seu amado, sempre poderá falar e falar sobre isso com os amigos como forma de lidar com sua dor. E não podemos deixar de frisar que a fala é o próprio campo de trabalho do psicólogo.

Sterian (2000) recomenda que nas situações de emergência se distinga o *sujeito na urgência* do *sujeito da urgência*. O primeiro é o sujeito que se torna o foco das atenções terapêuticas, e o segundo, o sujeito que demanda, que solicita o atendimento em caráter de urgência. Os dois podem estar na mesma pessoa ou não. Um paciente em plena crise cardíaca, com fortes dores no peito chega ao pronto-socorro gritando por socorro. Ele é ao mesmo tempo sujeito da urgência e sujeito na urgência. Mas na situação de um paciente idoso, que chega ao pronto-socorro desmaiado, acompanhado da filha, que pede, angustiada, atendimento para seu pai, o sujeito na urgência é o pai, mas o sujeito da urgência é a filha. É interessante assinalar que muitas crises se diluem ou diminuem quando contemos a angústia de que nos chama, quando cuidamos de quem solicita o atendimento, e não do paciente que foi referido como foco do problema.

Um aspecto importante sobre o pronto-socorro é que, na prática, ele deixou de ser apenas um local de emergências médicas e se transformou em "uma grande sala de espera de todos os problemas sociais (Carra in Romano, 1999). A maioria da população, para driblar as longas filas de espera dos serviços de saúde, recorre ao pronto-socorro como única possibilidade de ser atendida prontamente, mesmo que seu caso não seja emergencial. É interessante notar que essa situação não é exclusividade do Brasil, ou dos países mais pobres, pois também foi detectada em países do primeiro mundo, como nos EUA (Gwinn in Romano, 1999). A conseqüência disso para o psicólogo hospitalar é que ele precisa estar preparado para lidar não apenas com a dimensão psíquica e biológica do adoecimento, mas também com a social. Com muita freqüência assistimos aos psicólogos, no início de seu trabalho em hospitais, passarem da revolta à frustração diante dos problemas sociais que supostamente estariam atrapalhando o atendimento psicológico propriamente dito, até descobrirem que não existe mesmo o tal caso puramente psicológico: há sempre uma demanda social amalgamada.

E☆27 = O paciente histérico

No pronto-socorro a situação que mais demanda a atenção do psicólogo hospitalar é a histeria (síndrome do pânico, ansiedade, estresse pós-traumático, transtorno dissociativo, transtorno conversivo, somatizações e hipocondria). Embora o número de casos de histeria seja pequeno do ponto de vista estatístico, em torno de 5%, (Kaplan & Sadock, 1995), a agitação que eles desencadeiam no ambiente é tão intensa, demandando tanto tempo, esforço e paciência da equipe de profissionais, que a sensação que se tem é a de que eles acontecem em demasia. É exatamente por causa dessas características, que o psicólogo será chamado ao pronto-socorro. Abaixo, apresentamos as estratégias para o seu manejo.

Primeiramente é preciso fazer uma recapitulação da histeria como entidade clínica específica. Ainda não existe um consenso sobre as palavras usadas nessa área da medicina, sendo muito freqüente encontrarmos a mesma palavra sendo usada com muitos sentidos diferentes. "Histeria" é o termo mais usado para designar todos os transtornos neuróticos, mas o caráter pejorativo e discriminatório que ela foi adquirindo ao longo da história fez nascer uma tendência moderna que procura evitar o seu uso em função de termos mais descritivos, com distúrbio neurovegetativo (DNV), distúrbio conversivo ou dissociativo, somatização, psicossomática, neurose conversiva, etc. Além dessa variação terminológica científica, há também uma série de nomes jocosos pertencentes ao folclore médico e leigo tais como "piripaque", "chilique", "frescura", "dramatização", "falta de sexo", dentre outros, o que demonstra a maneira como nossa cultura encara essa doença: como falsificação, engodo. Isso resulta muitas vezes em uma atitude, por parte da equipe de profissionais da saúde, de desconsideração e irritação diante dos pacientes com quadros neuróticos.

A história de histeria é uma história de mulheres (Trilat, 1991). A própria palavra “histeria” é proveniente do grego “histero”, que significa útero. Na Antiguidade, Hipócrates e Platão, assimilando crenças milenares, entendiam o útero como um organismo vivo, um “animal sem alma”, dotado de certa mobilidade que, em suas migrações para as partes superiores do corpo feminino, provocavam diversos sintomas cujo tratamento consistia em “atrair” esse animal de volta para baixo por meio de odores agradáveis aplicados sobre a vulva da mulher. Na Idade Média, os fenômenos a que chamamos “conversivos” eram tidos como demoníacos, aproximando perigosamente as histéricas das bruxas. Bem mais tarde, já no século XIX, Charcot recupera a histeria para o campo da ciência, seguindo-se de Freud que introduz a fascinante noção de inconsciente e aponta para uma gênese sexual da doença. Modernamente uma interpretação simplista dessa gênese sexual impregna o folclore popular e o imaginário dos médicos, com a noção de que a histeria seria uma doença de mulheres mal-amadas. As estatísticas médicas atuais demonstram que efetivamente a histeria acomete mais mulheres do que homens, atingindo, com mais freqüência, mulheres jovens na segunda ou terceira década da vida, mas também demonstra que ela atinge, em muitos casos, os homens (Kaplan & Sadock, 1995).

QUADRO CLÍNICO DA HISTERIA — os sintomas mais freqüentemente vistos no pronto-socorro são os seguintes:

- Convulsões e crises psicomotoras semelhante a uma crise epiléptica, mas sem achado neurológico e com alto grau de teatralidade.
- Paralisia, fraqueza muscular, distúrbios da marcha e anestesiais que raramente provocam queda e danos sérios.
- Pseudociese (gravidez psicológica).

- Paciente apresenta uma atitude de certa indiferença que é inadequada quando relacionada com a suposta gravidade dos sintomas alegados ("La Belle Indifference").
- Um estado de estupor caracterizado pela ausência de respostas ao meio ambiente, acompanhada de mutismo e ausência de movimentos voluntários.
- Hipocondria que é a preocupação exagerada, repetitiva, sem bases objetivas, com o próprio corpo, ou com a possibilidade de se vir a ficar doente, geralmente acompanhada de solicitação intensa de cuidados médicos.
- Ataques de pânico, definidos como crise de ansiedade extrema, repentina e incontrolável, com a sensação de morte iminente ou medo de enlouquecer, e acompanhada de palpitações, falta de ar, dor no peito e náuseas.
- Dores crônicas, geralmente cefaléia ou dores musculares, sem nenhum achado médico que as justifique.

Note-se que todos esses sintomas mimetizam uma doença orgânica, que consiste geralmente em problemas cardíacos ou neurológicos, e por isso os pacientes procuram um pronto-socorro e não os consultórios de psicólogos.

O DIAGNÓSTICO DA HISTERIA — O diagnóstico da histeria é um diagnóstico de exclusão, ou seja, antes de se afirmar que se trata um quadro histérico é preciso descartar, por meio de exame físico e exames auxiliares, a ocorrência de uma doença orgânica. Apesar disso, há certas características que, quando presentes, sugerem fortemente, segundo Brown (1990), o diagnóstico de histeria. São elas:

- Os sintomas são vagos, a queixa é mal definida e não estão de acordo com os padrões anatômicos e fisiológicos.
- Os sintomas geralmente são precipitados por situações estressantes.
- A gravidade alegada dos sintomas não é coerente com o nível de funcionamento do paciente na vida diária.
- O paciente é freqüentemente sugestionável.

- Presença de histórico psiquiátrico.
- O paciente consegue, devido aos sintomas, suporte físico e emocional de outras pessoas.

Além dessas características genéricas, é desejável que se identifique também uma causação de ordem psicológica. As situações existenciais que costumam funcionar como desencadeantes de quadros histéricos, ainda que tal seja negado pelo paciente, são: separação amorosa, traição conjugal, brigas familiares, falecimento de pessoa próximas, gravidez indesejada e desejada, abortamento, solidão, filhos saindo de casa, doenças recém diagnosticadas, doenças crônicas, cirurgias próximas, dependência química, problemas financeiros, problemas legais, entre outros. Vale ressaltar que situações positivas e desejadas tais como realização de planos, casamentos e promoções de trabalho também podem criar estresse suficiente para desencadear quadros histéricos.

O TRATAMENTO — o tratamento emergencial da histeria no pronto-socorro tem duplo objetivo: resolver a crise atual e facilitar a aderência do paciente a um tratamento ambulatorial subseqüente que possa evitar nova crises. As principais técnicas disponíveis ao psicólogo para a abordagem da histeria no pronto-socorro são as seguintes:

- ESCUTA CONTINENTE — ouvir de maneira tranqüila o que o paciente e seus acompanhantes têm a dizer. É claro que em um pronto-socorro ninguém tem tempo para longas histórias, mas no pouco tempo que o psicólogo puder passar com o paciente é fundamental que não se mostre apressado e agitado, já que ansiedade gera ansiedade.
- ANAMNESE DIRIGIDA — dirigir o relato mediante perguntas sobre os pontos que não ficaram claros no relato espontâneo e também sobre os aspectos de maior interesse clínico como, por exemplo, a ocorrência de crises semelhantes no passado, possível uso de drogas, história psiquiátrica, medicamentos em uso, situações estressantes nos últimos dias, etc.
- EXPLICAÇÃO — explicar para o paciente, numa linguagem

que ele entenda, como acontecem seus sintomas, tranqüilizando-o em relação a gravidade desses sintomas, mas advertindo-o da morbidade e da cronicidade de tais problemas. Outro ponto muito importante é conversar com os familiares, lembrando-se de que a família não está atrapalhando o trabalho do psicólogo, mas faz parte do trabalho do psicólogo, já que na histeria é muito freqüente que uma situação familiar seja o desencadeante da crise. Acolher e orientar a família tem alto valor terapêutico.

- VOCÊ NÃO TEM NADA — nunca diga para um paciente com quadro histérico frases do tipo "você não tem nada", "isso é emocional", ou "é da sua cabeça". Não o diga porque não é verdade e porque não ajuda em nada, servindo apenas de desmoralização psicológica. A pessoa com histeria tem, sim, alguma coisa, tem uma doença. O problema é que essa doença não aparece em exames e também não pode ser explicada por meio de uma lesão cerebral, mas é uma doença. Dizer que é emocional ou que é "da sua cabeça" acaba por sugerir que se trata de uma invenção pessoal, ou que o paciente poderia muito bem controlar a crise com força de vontade, e não é isso o que acontece: a crise histérica é vivenciada pela pessoa como algo "maior do que eu", e sobre a qual, força de vontade parece não ter muito poder. É melhor dizer para o paciente que ele tem, sim, um problema, e que esse problema tem tratamento. Entretanto, se ele não fizer o tratamento, aquele problema pode transformar sua vida, bem como a de seus familiares, em um verdadeiro inferno, com direito a inúmeras visitas a médicos e prontos-socorros. Pode haver períodos de melhora espontânea, mas em geral o problema não desaparece sem um tratamento específico que idealmente se constitui de psicoterapia, e remédios em alguns casos.
- CONTROLE SITUACIONAL — Controlar a agitação na sala de emergência, evitando que se forme uma platéia para o paciente e encontrar um local onde ele possa passar um

tempo em descanso e observação. Durante esse período de repouso o psicólogo deve fazer várias "minivisitas" à maca do paciente. O paciente com quadro histérico piora bastante com excessiva platéia ou com a total ausência de platéia: há que se encontrar uma dose certa de atenção.

- MEDICAÇÃO — diversas classes de remédios podem ajudar a controlar os ataques histéricos: antidepressivos, benzodiazepínicos, entre outros. Cada um desses remédios funciona diferentemente e tem efeito colaterais diversos, por isso é importante uma programação individualizada para cada paciente. No pronto-socorro geralmente são administrados remédios com efeitos sedativos, são os chamados calmantes.
- ENCAMINHAMENTO — controlada a crise é hora de fazer o encaminhamento para o tratamento ambulatorial sem o qual o paciente estará de volta à sala de emergência em poucos dias. O encaminhamento para a psicoterapia ambulatorial não pode ser a primeira coisa a ser feita pelo psicólogo, caso contrário tal encaminhamento se transforma em "empurramento". Se antes de qualquer atendimento o psicólogo for logo dizendo "você não tem nada físico, você precisa de psicoterapia", o paciente não se sente escutado, pode até concordar em procurar terapia mas o que acontece mesmo é o efeito "João-bobo": ele vai, mas volta, volta ao pronto-socorro. O encaminhamento pressupõe um acolhimento inicial do paciente para depois, num segundo momento, sugerir que ele procure atendimento mais prolongado.
- O CERTO E O ERRADO — no pronto-socorro, como em qualquer outra parte do hospital, o psicólogo não deve buscar apenas o que está errado no paciente (sintomas, comportamento agitado, resistência), mas deve procurar também o que está certo naquela pessoa (a angústia, a falha na simbolização, o conflito psíquico, tudo isto é verdadeiro).

PRONTO SOCORRO

- NÃO CORRA, ANDE (ansiedade gera ansiedade)
- RESTAURAR A FALA (simbolização, metáforas, etc.)
- SUJEITO NA URGÊNCIA ≠ SUJEITO DA URGÊNCIA
- EXCLUIR PATOLOGIAS ORGÂNICAS
- ESCUTA CONTINENTE
- ANAMNESE DIRIGIDA
- CONTROLE SITUACIONAL
- VOCÊ NÃO TEM NADA
- EXPLICAÇÃO
- O CERTO E O ERRADO
- ACOLHIMENTO FAMILIAR
- ENCAMINHAMENTO ≠ EMPURRAMENTO.

Quadro 14: Estratégia para o atendimento psicológico no pronto-socorro

E☆28 = O paciente na UTI

A UTI, Unidade de Terapia Intensiva, é o local onde são internados os pacientes em estado grave e necessitados de cuidados médicos intensivos. As ações ali desempenhadas são diuturnas, rápidas e precisas, exigindo o máximo de eficiência da equipe. Contêm o limite entre a vida e a morte. Na maioria das vezes são áreas restritas à circulação, principalmente de pessoas estranhas à equipe multiprofissional, onde os familiares têm pouco ou nenhuma acesso (Romano, 1999).

No dizer do psicólogo Francisco Toro, a UTI "é um lugar de intensidades". Tudo é intenso na UTI: o tratamento, os riscos, as emoções, o trabalho, os custos e a esperança. A estratégia básica do psicólogo na UTI é criar canais para o escoamento dessas intensidades por meio da palavra falada, e embora o foco primário de atendimento seja o paciente, o psicólogo se vê muitas vezes escutando os outros personagens dessa cena: médicos apressados, enfermeiras atarefadas e familiares angustiados.

As características da UTI favorecem o surgimento de sintomas psicopatológicos. Sebastiani (2001) descreve uma Síndrome da UTI, assim caracterizada: "A cadência de atividades constantes na UTI, nas 24 horas do dia, a rotina repetida inúmeras vezes, o acordar e dormir intermitente do enfermo, a ausência do contato com o mundo externo, a falta de uma conversa, de orientação acaba trazendo para a pessoa, com mais de três dias de UTI, uma perda inicial de tempo cronológico, que, aos poucos, vai se agravando com a perda da consciência de tempo e de espaço físico, de tal forma que comportamentos estranhos começam a parecer. Frases desarticuladas, fuga de idéias, atitudes obsessivas, ocorrendo não raro derivação para quadros delirantes e desconfigurações da imagem perspectiva real. É perceptível que a alteração senso-perceptiva se inicia com a ausência de estímulos simples, como o contato com o dia e a noite, e vai se agravando à medida que o próprio círculo circadiano do paciente passa por um processo de desorganizações em função da ausência de atividade, da ação de fármacos, das oscilações de consciência, da falta de estímulos específicos, etc. O atendimento psicológico na UTI fornece ao paciente estimulação psíquica, visual, oferecendo orientação temporal, reforçando atividades que o paciente goste e tenha condições de realizar, orientando visita de familiares e trazendo informações sobre o mundo externo. São "pequenas medidas que podem prevenir a síndrome da UTI". (Sebastiani, 2001).

Em termos práticos o atendimento psicológico na UTI apresenta ao psicólogo um desafio extra, a saber: o fato de a maioria dos pacientes internados apresentar dificuldade de falar, por estarem em estado inconsciente, sob sedação, confusos, ou "entubados" (ligados por uma cânula endotraqueal aos aparelhos de respiração artificial), ou ainda deprimidos. O que faz então o psicólogo, já que trabalha essencialmente com a palavra, quando esta não está acessível ao paciente? É simples: cria, inventa novas formas de linguagem. Para Miller (1978) "...o que é próprio da psicanálise é operar sobre o sintoma mediante a palavra, quer seja essa palavra da pessoas em análise, quer seja a interpretação do analista."

Se o paciente estiver consciente, a linguagem não-verbal deve ser explorada. Escrever bilhetes, comunicação gestual, pequenos toques são bastantes eficientes. É importante mencionar que o objetivo da comunicação nessas situações é menos passar informações e muito mais marcar presença, facilitar a expressão das emoções e diminuir a solidão. O conteúdo da comunicação é secundário: o que conta realmente é a possibilidade de relacionamento humano, é o canal aberto para o "outro".

Quando for o caso de o paciente estar inconsciente, ainda assim a fala está mantida como forma privilegiada de comunicação. Sabemos, pelo relato de muitos pacientes que estiveram em coma, que, embora não fossem capazes nem de falar nem de escutar, ainda assim registraram o que ouviram. Então, se o paciente não fala, o psicólogo fala para ele, sobre ele, diz, por exemplo, ao pé do ouvido, baixinho, como está indo o tratamento, o quanto a família deseja sua recuperação e outras coisas positivas e esperançosas. Isso ajuda muito e é coerente com o principio técnico em psicologia, o qual diz que quem não fala é falado. É preciso não recuar diante do silêncio, nem do coma: ainda há subjetividade ali.

E☆29 = Sexo no hospital

O que acontece com a sexualidade do paciente durante o adoecimento?

A literatura sobre psicologia hospitalar é muito pobre em relação a esse tema. Praticamente não existem referências. Já a observação mais freqüente e cuidadosa dos profissionais de enfermagem evidencia, como era de se esperar, diversas manifestações de sexualidade nos pacientes internados. É uma sexualidade na maioria das vezes modificada sob o impacto da doença, mas presente, e se essa sexualidade não é muito discutida entre os profissionais tal se deve, provavelmente, ao costume de pouco se falar de sexo e não à inexistência de uma sexualidade.

A doença incide sobre o corpo do paciente, corpo esse que também é campo para a sexualidade. Essa simultaneidade de funções, patológica e erógena, não pode passar em branco para o psicólogo. Há que estar atento a esse ponto em termos teóricos, e há que se estar aberto para conversar sobre ele se o paciente tocar no assunto.

É interessante notar, por exemplo, a relação antinômica entre a medicina e a psicologia no que tange ao corpo do paciente. O médico toca o corpo do paciente para examiná-lo, mas, em geral, tem alguma dificuldade para conversar sobre sexualidade, ou então quando o faz é de maneira estereotipada e superficial. O psicólogo, por sua vez, normalmente está mais à vontade para falar de sexo com o paciente mas não pode tocar seu corpo. O médico toca, nas não conversa, o psicólogo conversa mas não toca.

Esse tema tem sido bastante estudado pelos teóricos da psicanálise e da psicossomática, mas ainda espera por pesquisas consistentes no campo da psicologia hospitalar.

Setting

E☆30 = O local de atendimento

Um dos motivos para o sucesso que a psicologia vem alcançando na cena hospitalar é que ele precisa de muito pouco para funcionar: basta um sujeito que queira falar e um psicólogo que saiba escutar, e o resto é acessório, é detalhe, o resto é resto. Local inadequado, falta de privacidade, barulhos, interrupções, tempo curto, descrédito dos outros membros da equipe, etc., tudo isso se resolve, não é fundamental. Para Moretto (2001) "...não podemos tratar do *setting* como um espaço real, porque ele é virtual, ele é psíquico, é na verdade um artifício, uma construção para que a análise se dê".

É certo que o ambiente hospitalar é adverso à atividade psicoterapêutica, mas não a impede, desde, é claro, que o psicólogo encontre uma postura flexível e criativa objetivando contornar as dificuldades (Pena, 1992). O primeiro passo é reconhecer que o local de atendimento em psicologia hospitalar é onde o paciente está, e não a sala do psicólogo, que na maioria dos hospitais nem mesmo existe, em razão da falta de espaço físico, ou falta de espaço para a psicologia no modelo tradicional de assistência à saúde.

O modelo da psicologia clínica, aprendido nas faculdades de psicologia, centrado no consultório e na postura receptiva do psicólogo que aguarda ser procurado pelo paciente, não serve para a psicologia hospitalar. O psicólogo, segundo Romano (1999), "...deve estar onde os acontecimentos estão, deve circular pelo hospital e atender o paciente em seu quarto ou andar, deve ver as coisas por si mesmo, deve estar próximo da equipe a ponto de poder ser solicitado verbalmente para o atendimento. Em outras palavras, deve ir ao encontro do paciente".

E☆31 = O horário de atendimento

O final da tarde é o melhor horário para o atendimento psicológico no hospital porque, de modo geral, é o momento do dia mais tranqüilo na rotina hospitalar. O período da manhã, ao contrário, é o mais tumultuado: as cirurgias e os exames mais complicados são agendados para o primeiro horário da manhã, e é também a hora da limpeza dos quartos, do banho dos pacientes, e tantas outras providências. A tarde por sua vez é a hora da visita dos familiares e amigos, e não convém o psicólogo disputar a atenção do paciente com seus entes queridos. Assim, o finalzinho da tarde é o horário ideal para o atendimento, mas, considerando que muitas vezes isso não é possível, cabe ao psicólogo aprender a atender no meio mesmo de toda a atividade hospitalar, criando, na medida do possível, condições adequadas de silêncio e privacidade para o trabalho psicológico.

E☆32 = A duração do atendimento

O atendimento psicológico no hospital é bastante irregular tanto na freqüência como na duração de cada encontro. Ainda não é possível no atual estágio de desenvolvimento teórico e prático da psicologia hospitalar determinar um tempo ideal para o atendimento. Além disso, muitas vezes o que acaba decidindo mesmo quanto tempo dura cada encontro são as condições clínicas do paciente: condições físicas para falar, procedimentos médicos e cuidados de enfermagem a serem realizados. A psicologia hospitalar aponta para uma estratégia do tipo “aqui e agora”, com o risco, até mesmo, de atendimentos únicos em razão da alta ou mesmo do óbito do paciente, o que exige do psicólogo hospitalar muita flexibilidade, especialmente se ele tem a expectativa, aprendida na faculdade, de trabalhar no hospital nos moldes do que se faz nos consultórios. Como já vimos, leito e divã, embora sirvam para se deitar, são, em tudo o mais, bastantes díspares. Disso depreendemos que qualquer arranjo temporal é virtualmente aceitável.

E☆33 = Alta psicológica?

Quando se pode dar por concluído o trabalho da psicologia hospitalar? O que determina a conclusão do processo de atendimento psicológico na psicologia hospitalar não é nenhuma condição clínica do paciente, do tipo “cura da doença”, e também não é a ascensão do paciente a um estado ideal de perfeição psicológica em que ele seja capaz de enfrentar perfeitamente a doença. O que determina o final do tratamento psicológico é a cessação da demanda. Quando aquela condição que encetou o início do tratamento, geralmente um problema de manejo do paciente ou um questionamento do próprio doente sobre sua forma de lidar com a doença, se esvazia, se dissolve, o trabalho está concluído. Isso pode acontecer após poucos ou muitos atendimentos, com o paciente ainda internado, ou já com alta hospitalar, podendo, ou não, se seguir de uma psicoterapia. Cabe enfatizar que o objetivo do atendimento psicológico hospitalar não é levar o paciente a uma psicoterapia mais prolongada após sua saída do hospital. Isto pode até vir a acontecer, e com freqüência acontece, mas não é o propósito da psicologia hospitalar, que tem um objetivo bastante específico, só seu, e diferente da psicologia clínica, qual seja, ajudar o paciente a lidar com os aspectos psicológicos que cercam a doença. É erro técnico, e ético, conduzir o atendimento psicológico visando a levar o paciente a uma psicoterapia.

Na prática, o trabalho do psicólogo hospitalar é geralmente interrompido, e quase nunca concluído. Talvez devêssemos considerar, de maneira bastante realista, que a psicologia hospitalar se constitui muito mais em um ponto de partida do que um ponto de chegada: é como uma ignição, um colocar em andamento um processo que admite inúmeros tipos de finalizações, mesmo um final aberto, inconcluso, e por isso mesmo gerador de tanto outros começos.

E☆34 = No olho do furacão

O que acontece no olho do furacão? Nada. O furacão gira o ar com tanta velocidade que acaba por criar, em seu centro, um vácuo, um lugar paradoxalmente calmo e silencioso, uma ilha de tranqüilidade cercada por um turbilhão de agitação. Essa é uma bela analogia para o lugar que o psicólogo hospitalar deve buscar para se instalar: perto da agitação, dos problemas, da angústia e da doença, para que seu trabalho seja útil, mas um pouco afastado para que não seja ele mesmo tragado por esse redemoinho que o incapacitaria tecnicamente. Estar centrado significa exatamente isto, encontrar dentro de si mesmo esse olho do furacão . Sim, esse é um lugar interno que o psicólogo alcança tanto pelo estudo do que acontece com o ser humano adoentado, como por sua análise pessoal que lhe permita um enfrentamento da angústia associada do adoecer. Ao se dirigir ao quarto de um paciente, o psicólogo deve simultaneamente "caminhar" em direção ao olho do furacão.

Apêndice

O Mapa dos Remédios

Introdução

O remédio é um mundo. Saber caminhar nesse mundo, deixar de ser um " estranho-no-ninho", aprender a perguntar e a ouvir sobre remédios, ter noção de onde buscar as informações quando precisar, poder acompanhar a fala do paciente quando ele se refere aos remédios, conhecer os principais tipos de remédios e seus mecanismos de ação, reconhecer sua função inconsciente, desenvolver uma visão ampla do remédio como sintoma da modernidade: são esses os objetivos deste texto.

O psicólogo tem três razões para conhecer remédios: uma razão prática, uma clínica e outra teórica. Do ponto de vista prático, é muito interessante que o psicólogo saiba conversar sobre remédios; na questão clínica, é fundamental que ele tenha a noção sobre sintomas provocados por medicamentos; e na dimensão teórica, é muito produtivo pensar o significado psicológico dos remédios, dada a alta valorização que ele recebe na cultura moderna.

A razão prática

Para realizar seu trabalho o psicólogo conversa com pessoas para as quais o remédio é algo muito presente: médicos e pacientes. Em relação aos médicos, cabe notar o uso que alguns deles fazem do linguajar especializados como forma de exclusão. Muito freqüentemente, o psicólogo hospitalar, ouvindo os médicos conversarem, se sente excluído, não fazendo parte da equipe. Ele se dá conta de que não sabe "do que" os médicos estão falando. Considerando que boa parte da conversa médica versa sobre medicamentos, se o psicólogo conseguir dominar os termos básicos (palavras) da farmacologia, abrirá uma eficiente forma de inserção neste universo hospitalar. Isso não significa compactuar como o jogo de poder subjacente a esse uso da linguagem. O objetivo é ter palavras para dialogar com a medicina, já que de nada vale para a psicologia manter uma crítica à medicina a partir de uma posição de exterioridade.

O médico prescreve o remédio, o paciente o toma, a família paga por ele, a enfermeira administra, e o psicólogo faz o que em relação ao remédio? Fala, conversa. Só isso? Sim, o psicólogo trabalha apenas com a palavra, mas acontece que a conversa oferecida pelo psicólogo não é um "*só isso*". Ao contrário: é um "*muito mais que isso*", aponta para um "*além disso*" embutido nas palavras, como lembra Freud, ao afirmar que a palavra é uma espécie de magia atenuada

O psicólogo deseja que o paciente fale, pois acredita ser falando que ele, o paciente, encontrará a melhor maneira de atravessar a experiência do adoecimento, sendo essa exatamente a função da psicologia hospitalar: ajudar o paciente a fazer a travessia do adoecimento.

Na prática, o psicólogo precisa saber estimular o paciente a falar, e, considerando que o remédio é sempre um tema interessante para quem está doente, a conversa sobre medicamentos se constitui em ótima estratégia. Para pacientes resistentes a assuntos mais subjetivos, uma conversa desse tipo é uma ótima "porta de entrada" para o atendimento psicológico. Para conversar sobre esse assunto é interessante que o psicólogo domine, minimamente, o linguajar básico do mundo dos remédios.

Se o paciente estiver se beneficiando do remédio ele vai querer exaltar suas qualidades, e se, ao contrário, o paciente não estiver aderindo ao tratamento, provavelmente vai querer reclamar do remédio.

É nesse segundo caso que o trabalho do psicólogo assume importância especial, pois todos os profissionais envolvidos no tratamento (médicos, enfermeiras, etc.) desejam que o paciente "tome o remédio para ficar bom", mas ninguém quer ouvir o que o paciente tem a dizer sobre o tal remédio. O psicólogo quer, e isso faz toda diferença. Por exemplo, os pacientes que sofrem de doenças crônicas adquirem um conhecimento bastante aprofundado dos medicamentos que utilizam, e eventualmente se sentem importantes ao demonstrar esse saber.

A razão clínica

Para entender a situação psicológica vivenciada pelo paciente é preciso considerar se o sintoma é resultado direto da doença, ou se já era um traço de personalidade, ou ainda, se é um efeito de alguma medicação. O psicólogo precisa conhecer os efeitos psíquicos dos remédios que o paciente está tomando, sob pena de cometer o erro grosseiro de "psicologizar" os efeitos colaterais de alguma medicação. A depressão e o uso de psicotrópicos são situações que se repetem com muita freqüência no dia-a-dia do psicólogo hospitalar (Botega, 2002), e por isso merecem ser destacadas.

Depressão

Vários remédios de uso muito freqüente na clínica médica estão envolvidos em quadros depressivos (Kaplan & Sadock, 1997). Dizer que eles causam depressão não é algo exato, mas seguramente contribuem para quadros depressivos em pacientes com doenças orgânicas. Considerando que a depressão é, de longe, a situação clínica que mais demanda atenção da psicologia hospitalar, fica evidente a necessidade de o psicólogo ter conhecimento desses remédios.

Ao ser chamado para atender um paciente com depressão, o psicólogo deve perguntar sobre a medicação em uso, anotá-la e depois fazer uma pesquisa para verificar se essa medicação faz parte desse grupo de remédios envolvidos com a depressão.

Para facilitar esse trabalho de pesquisa, apresentamos abaixo uma tabela contendo uma relação dos remédios mais freqüentemente envolvidos com a depressão.

Drogas que podem causar depressão

GRUPO	INDICAÇÃO	SUBSTÂNCIAS
ANTIARRITÍMICOS	usados em patologias cardíacas, como a insuficiência cardíaca, a cardiomiopatia, infartos, arritimias, etc.	•Digitálicos (digoxina, cedilanide) •Disopiramida (dicorantil)
ANTICONVULSIVANTES	usados em pacientes epiléticos, pacientes que sofreram AVC, ou cirurgias neurológicas e comportamento agressivo	• Fenobarbital (Gardenal) • Carbamazepina (Tegretol) • Ácido Valpróico (Depakene) • Clonazepan (Rivotril)
ANTI-HIPERTENSIVOS	largamente utilizados por pacientes com hipertensão arterial (pressão alta)	• Clonidina (Atensina) • Hidralasina (Apresolina) • Alfametildopa (Aldomet) • Prazosina (Minipress) • Propranolol (Propranolol) • Nifedipina (Adalat)
ANTI- INFLAMATÓRIOS	uso quase universal na medicina, já que a maioria das doenças cursam com processos inflamatórios	• Diclofenaco (Arten, Voltaren,Cataflan) • Ibuprofeno (Algiflex) • Meloxican (Movatec) • Piroxican (Piroxene) • Tenoxican (Tilatil) • Corticoides (Decadron, Cortisona, Celestone).
Antibióticos	em quadros infecciosos crônicos é freqüente a presença de depressão, que pode se dever a uso de medicação ou reação à doença	• Isoniazida (Isoniazida) • Metronidazol (Flagyl) • Ácido Nalidixico (Wintomylon)

ANTIPSICÓTICOS	remédios usados para combater os sintomas psicóticos em quadros de esquizofrenia e psicoses agudas	• Haloperidol (Haldol) • Clorpromazina (Amplictil) • Levomepromazina (Neozine) • Periciazina (Neuleptil)
QUIMIOTERÁPICOS	usados em pacientes com neoplasia (câncer)	• Vimblastina (Velban) • Vincristina (Oncovin)
BENZODIAZEPÍNICOS	usados para tratar ansiedade e insônia	• Diazepan (Dienpax, Valium) • Clonazepan (Rivotril) • Bromazepan (Lexotan) • Lorazepan (Lorax) • Clordiazepoxido (Psicosedin)
BLOQUEADORES H2	usados em quadros de úlcera e gastrite	• Cimetidina (Tagamet) • Ranitidina (Antak)
HORMÔNIOS TIREOIDEANOS	usados em pacientes com doenças da tireóide	• Tiroxina (Puran T4, Tetroid)

Obs: Os anticoncepcionais orais usados para evitar a gravidez também podem causar depressão.

Psicotrópicos

Pacientes psiquiátricos também adoecem por quadros orgânicos e são internados em hospital geral para tratamento. Em muitos casos a história psiquiátrica e os medicamentos em uso passam despercebidos, em razão da urgência do quadro orgânico, ou do despreparo da equipe para reconhecer doenças mentais. O que se segue é uma "incompreensível" eclosão de sintomas psiquiátricos em virtude da suspensão abrupta da medicação em uso. Nessas situações uma interconsulta com o psiquiatra pode ser necessária, mas geralmente o psicólogo hospitalar é o primeiro profissional da área mental a ser chamado para avaliar o caso. É preciso também lembrar que a maioria dos medicamentos anestésicos usados em cirurgia compõe-se de psicotrópicos, que podem causar sintomas psiquícos no pós-operatório, e isso aliás é bastante freqüente.

Além dos efeitos psíquicos da medicação há outra razão clínica para o psicólogo conhecer sobre remédios: a questão da não-aderência ao tratamento medicamentoso. O fato de um paciente se recusar a receber a medicação prescrita é uma situação problemática, potencialmente perigosa para a saúde do paciente e desconcertante para a equipe médica. Com muita freqüência o psicólogo hospitalar é chamado para ajudar nesses casos. As pesquisas nessa área (Sthal, 1997) mostram que, além dos aspectos subjetivos desse comportamento, existem aspectos bem concretos: os efeitos colaterais. O manejo dos efeitos colaterais acontece em duas direções: modificar a medicação e oferecer informações claras para o paciente sobre tais efeitos (Cordioli, 2000). Como vimos, a "conversa" é o campo do psicólogo, e por isso convém que ele tenha condições de se inteirar rapidamente dos efeitos colaterais produzidos pelo remédio que o paciente está usando.

A razão teórica

Tão longe quanto a história pode nos mostrar, vemos o homem usando substâncias químicas para curar suas doenças e aliviar suas dores, não apenas as físicas, mas também a angústia psíquica, numa busca de paz, felicidade e prazer que coloca o remédio como autêntico objeto de pulsão. Se nenhuma outra razão existisse, só esta dimensão pulsional do remédio já justificaria o fato de o psicólogo precisar conhecer um pouco sobre remédios

O remédio é um mundo, mas o que desse mundo o psicólogo hospitalar precisa conhecer? Tudo? Não, essa seria uma tarefa impraticável e sem sentido. Basta que ele tenha noções gerais de farmacologia clínica, domine o vocabulário básico dessa disciplina, saiba quais os principais grupos de remédios, entenda a questão dos nomes dos remédios (nome químico, nome comercial, nome genérico, etc.) e saiba como conseguir de forma rápida as informações que necessitar, que já terá encontrado o "caminho das pedras" para circular calma e produtivamente, junto com o paciente, por esse mundo dos remédios.

Noções de farmacologia clínica

Farmacologia é a ciência geral que estuda o uso das substância químicas com propósitos terapêuticos, e tem várias subdivisões, como psicofarmacologia (estudo dos remédios de ação psíquica), farmacodinâmica (o que o remédio faz no organismo da pessoa; ou seja, o mecanismo de ação), e farmacocinética (transformção que o organismo opera nos remédios).

Remédio é a mesma coisa que medicamento? Não, remédio é tudo aquilo que remedia, que trata, que cura, como, por exemplo, o banho de sol usado para tratar o raquitismo em crianças. Medicamento é uma substância química usada com fins terapêuticos. Assim, o banho de sol é um remédio mas não é um medicamento. Todo medicamento é um remédio, já que cura, que remedia, mas nem todo remédio é um medicamento, pois existem muitas coisas que curam, que remediam, mas que não são substâncias químicas. Embora essa seja a conceituação correta, a prática consagrou o uso de "remédio" como sinônimo de "medicamento", e isso será mantido neste texto, de forma que as duas palavras serão usadas como se fossem uma coisa só.

Por outro lado, qual a diferença entre "remédio", "droga" e "veneno"?

Remédio, como vimos, é uma substância química usada para fins terapêuticos; já a droga é uma substância química usada fora do contexto terapêutico, geralmente com o propósito de obter sensações psíquica agradáveis e estimulantes, ou para evitar angústia. Quando uma substância química produz efeitos nocivos, é aí que podemos falar em veneno. O que determina se uma substância é uma droga, um remédio ou um veneno é o seu uso, e não uma particularidade intrínseca dela. Por exemplo, a morfina pode ser remédio usado para aliviar dores de pacientes com câncer ou droga usada nas ruas por pessoas já em regime de dependência química.

MECANISMO DE AÇÃO — É a maneira pela qual o remédio exerce o efeito terapêutico desejado, por exemplo, o modo como o antibiótico cura uma infecção, isto é, produzindo uma lesão na membrana celular da bactéria, levando-a á morte.

EFEITO COLATERAL — É o resultado indesejado da ação de um remédio, como a sonolência provocada por alguns antidepressivos. Agora se uma pessoa com problemas de insônia for medicada com o mesmo antidepressivo, essa sonolência deixa de ser efeito colateral e passa a ser o efeito desejado. Geralmente, efeito colateral é o sinônimo de efeito adverso.

EFEITO PLACEBO — É o efeito produzido que uma substância quimicamente inerte produz numa pessoa que a recebeu acreditando estar tomando efetivamente um remédio.

INTERAÇÃO MEDICAMENTOSA — É um termo que define a conseqüência da administração concomitante de duas ou mais susbtâncias químicas no organismo do paciente. Quando as duas substâncias se encontram podem interagir de forma a potencializar ou anular o efeito uma da outra, e em alguns casos o efeito pode ser até mesmo a morte. Por isso é um aspecto que recebe muita atenção por parte dos médicos.

INDICAÇÃO — É o conjunto de doenças ou de sintomas para os quais o remédio é geralmente recomendado. Já a CONTRA-INDICAÇÃO refere-se às situações em que um remédio não deve ser usado.

VIAS DE ADMINISTRAÇÃO — É a maneira utilizada para fazer o remédio chegar até o local do corpo onde exercerá seu efeito terapêutico. As principais vias são: via oral (VO), via intramuscular (IM), via endovenosa (EV), intravenosa (IV), via inalatória, via retal, via transdérmica, entre outras.

PRESCRIÇÃO MÉDICA — É o ato médico de recomendar determinado tratamento, ou remédio, para paciente. Também se refere ao documento que fica no prontuário do paciente, no qual o médico registra por escrito suas recomendações. Convém que o psicólogo hospitalar leia a prescrição do paciente tanto para se inteirar de quais remédios estão sendo usados como para tomar ciência das medidas gerais, tais como proteção contra doenças infectocontagiosas.

POSOLOGIA — Refere-se às doses em que o remédio pode ser oferecido. Em alguns casos, como no dos antibióticos, se ela não for cumprida, por exemplo, tomar um comprimido de quatro em quatro horas, o medicamento perde seu efeito terapêutico.

ADERÊNCIA — É o termo usado para definir o comportamento do paciente de seguir a prescrição médica. Diz-se que um paciente tem baixa aderência quando ele não toma o remédio prescrito ou o faz de maneira diferente do que foi recomendado.

REMÉDIO CONTROLADO — Designa as substâncias que, devido ao seu potencial de provocar graves efeitos colaterais, como dependência química, sintomas neurológicos, etc., tem seu uso controlado por órgãos governamentais por meio do uso de receitas especiais que ficam retidas na farmácia. A maior parte dos remédios psiquiátrico está incluída nesse grupo.

SITUAÇÕES ESPECIAIS — São condições fisiológicas que alteram a distribuição e a metabolização do remédio no organismo, e por isso representam perigos potenciais no uso da medicação. As principais situações especiais na farmacologia são a gravidez, a amamentação, crianças e idosos. Por exemplo, uma mulher em uso de antidepressivos que vier a engravidar deve, idealmente, interromper o uso do remédio em razão do risco de má formação fetal. Em casos como esse, a psicoterapia apresenta-se como um dos recursos recomendáveis.

Os nomes dos remédios

Todo remédio tem três nomes; o nome químico, o nome comercial e o nome clínico. É uma só coisa que pode ser chamada de

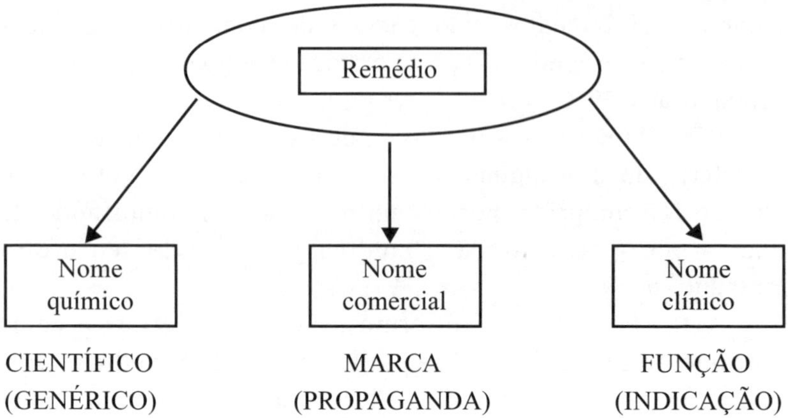

Figura 14: Os nomes dos remédios

três maneiras diferentes. Alguns exemplos: a cefalotina é o nome químico do Keflex (nome comercial) que pertence ao grupo clínico dos antibióticos; ácido acetilsalicílico é o nome químico da Aspirina (nome comercial), que pertence ao grupo clínico dos analgésicos; a fluoxetina é o nome químico do Prozac (nome comercial), que pertence ao grupo clínico dos antidepressivos.

O nome químico é dado a partir da estrutura molecular ou fórmula química da substância e obedece a regra de nomenclatura científica da química. É um nome científico, e como tal é aquele que deve ser usado nos trabalhos científicos, nos livros técnicos e nas revistas especializadas. Esse é também o nome genérico do medicamento.

O nome comercial é uma marca, é um nome de fantasia escolhido pelo laboratório farmacêutico que fabrica o remédio de acordo com critérios de *marketing*. É o nome usado nas propagandas, e por isso mesmo é o mais conhecido e mais usados pelos pacientes. Podemos dizer que se o nome químico é a linguagem do cientista e do médico, o nome comercial é a linguagem do paciente. É importante notar que podem existir diferentes nomes comerciais para a mesma substância. Por exemplo, cada laboratório que produz a fluoxetina lhe dá um nome diferente: Prozac (Elililly), Verotina (Libbs), Nortec (Ativus) e Eufor (Farmasa).

O nome clínico indica a ação terapêutica do remédio, ou seja, para que ele serve, que doenças ele trata, etc.

Geralmente, os remédios são divididos em grupos de acordo com o seu uso clínico, tais como antibiótiocos, analgésicos, calmantes, anticoncepcional, etc. Cabe frisar que um mesmo medicamento pode pertencer a mais de um grupo, como, por exemplo, a aspirina é ao mesmo tempo analgésico e antiinflamatório.

Os tipos de remédios

Existem milhares de remédios, mas eles podem ser classificados em alguns poucos grupos clínicos, facilitando e orientando o seu estudo. A tabela abaixo mostra os principais grupos farmacológicos, cada qual mencionando primeiro o nome químico seguido do nome comercial.

Tipos de remédios

1- Sintomáticos
   - Analgésicos: ácido acetil-salissílico (Aspirina)
   - Antitérmico: paracetamol (Tylenol)
   - Anti-inflamatório: diclofenaco (Voltaren)
   - Antialérgico: Prometazina (Fenergan)

2- Antibióticos: Cefalexina (Keflex)
3- Quimioterápicos: Tamoxifeno (Nolvadex)
4- Anestésicos: Lidocaína (Xylocaina)
5- Antiviróticos: Aciclovir (Zovirax)
6- Psicotrópicos: Fluoxetina (Prozac)
7- Neurológicos: Carbamazepina (Tegretol)
8- Cardiológicos: Nifedipina (Adalat)
9- Respiratórios: Terbutalina (Bricanyl)
10- Gastrointestinais: Omeprazol (Losec)
11- Sexuais: Estradiol (Evanor)
12- Imunossupressores: Ciclosporina (Sandimun)
13- Outros grupos

Quadro 16: Principais tipos de remédios

Os remédios sintomáticos são os mais usados em toda medicina, e os psicotrópicos apresentam importância óbvia para os psicólogos. Por isso se faz necessário alguns comentários sobre esses dois grupos.

Sintomáticos

Toda doença se manifesta por meio de sinais e sintomas. O sintoma é o que o paciente sente, é aquilo de que ele se queixa, por exemplo, a dor. Sinal é o que um observador pode identificar objetivamente (medir, quantificar, registrar, etc.) no corpo do paciente, como por exemplo, medir a temperatura alta. Neste texto, usaremos a palavra "sintoma" para englobar os dois aspectos, o subjetivo (sintoma) e o objetivo (sinal).

Existem quatro sintomas que, devido à sua freqüência e sua importância recebem o nome de "sintomas cardeais": dor, febre, inflamação e alergia. Por meio deles é que quase todas as doenças se manifestam, e para combatê-los existem remédios chamados "sintomáticos" porque não visam a eliminar o processo mórbido que provoca a doença, mas sim eliminar ou aliviar suas manifestações. Eles não curam a doença, eliminam os sintomas. São eles: os analgésicos que combatem a dor, os antitérmicos que eliminam a febre, os anti-inflamatórios para diminuir a inflamação e os antialérgicos para conter as reações alérgicas. O próprio nome já explicita a função e, como já mencionamos, não é necessário que o psicólogo hospitalar decore nada, bastando prestar atenção nas palavras.

Psicotrópicos

Esses são os remédios para a vida psíquica. A palavra "psicotrópico" significa tendência (tropismo) para agir no psiquismo humano. Embora seja comum uma sensação de confusão diante de enorme quantidade de informação disponíveis na psicofarmacologia, é possível classificar todos os psicotrópicos em apenas cinco grupos de acordo com seus efeitos na vida psíquica (figura 15).

A vida psíquica vem seguindo seu curso, e então alguns eventos mentais podem acontecer, por exemplo, depressão, e neste caso vamos usar um remédio "contra a depressão", ou, dito em outras palavras, um antidepressivo. Mas, se ao contrário de se deprimir, a vida se tornar agitada, eufórica e maníaca, é hora então de usar os antimaníacos que na prática são conhecidos pelo nome de "estabilizadores de humor". Pode acontecer de a vida encher-se de ansiedade, com muitos medos, agitação, estresse, etc. Nesse caso, vamos nos valer de um remédio anti-ansiedade, muito apropriadamente denominado de ansiolítico ("lítico" vem de "lise" que significa "quebra", quebra da ansiedade). Esses são os famosos calmantes e incluem também aqueles remédios usados contra a insônia, os hipnóticos. Mas se o que advém for uma verdadeira desintegração da vida psíquica, com alucinação, delírios, e comportamentos bizarros, ou seja a psicose, o remédio da vez é o antipsicóticos ou neurolépticos. Por último, se a vida torna-se astênica, fraca, com pouca energia, haveremos de recorrer aos remédios denominados de psicoestimulantes.

O diagrama abaixo ilustra a relação entre sintomatologia psicopatológica e o tipo de remédio usado (fig.15).

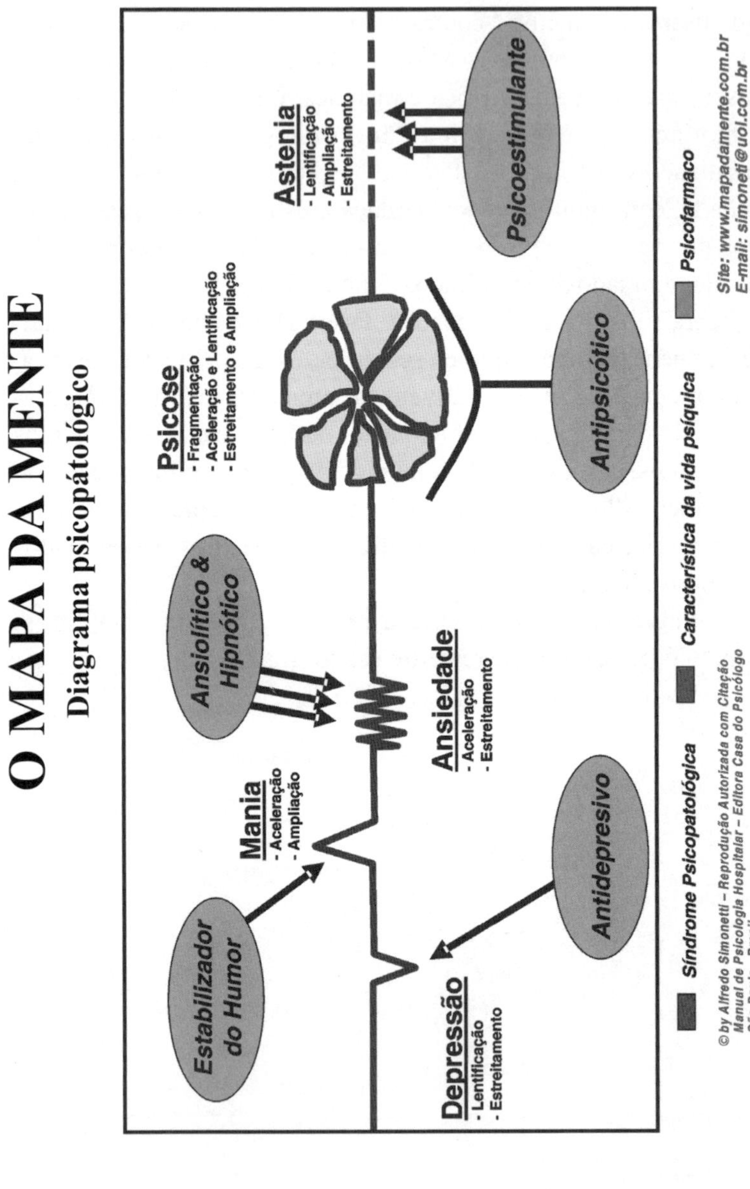

Figura 15: Diagrama Psicopatológico

Dicionário de Psicotropicos

Nome comercial	Nome químico	Nome clínico
ABYLIF	Aripiprazol	Antipsicótico
AKINETON	Biperideno	Anticolinérgico
ALCYTAM	Citalopram	Antidepressivo
ALOIS	Memantina	Estimulante
AMITRIPTILINA	Amitriptilina	Antidepressivo
AMPLICTIL	Clorpromazina	Antipsicótico
AMYTRIL	Amitriptilina	Antidepressivo
ANAFRANIL	Clomipramina	Antidepressivo
ANATENSOL	Flufenazina	Antipsicótico
ANSILIVE	Diazepan	Ansiolítico
ANSITEC	Buspirona	Ansiolítico
APRAZ	Alprazolam	Ansiolítico
AROPAX	Paroxetina	Antidepressivo
ASSERT	Sertralina	Antidepressivo
AURAN	Oxicarbazepina	Estabilizador
AURORIX	Moclobemida	Antidepressivo
BROMAZEPAN	Bromazepan	Ansiolítico
BROMOPIRIM	Bromazepan	Ansiolítico
BUPROPIONA	Bupropiona	Antidepressivo
BUSPANIL	Buspirona	Ansiolítico
BUSPAR	Buspirona	Ansiolítico
CALMAN	Fitoterapico	Ansiolítico
CALMOCITENO	Diazepan	Ansiolítico
CARBAMAZEPINA	Carbamazepina	Estabilizador
CARBOLITIUM	Lítio	Estabilizador
CARBOLIM	Lítio	Estabilizador
CARBONATO DE LITIO	Lítio	Estabilizador
CEBRLLIM	Paroxetina	Antidepressivo
CINETOL	Biperideno	Anticolinérgico
CIPRAMIL	Citalopram	Antidepressivo
CITALOPRAM	Citalopram	Antidepressivo

Nome comercial	Nome químico	Nome clínico
CLO	Clomipramina	Antidepressivo
CLONOTRIL	Clonazepan	Ansiolítico
CLOPIXOL	Zulcopentixol	Antipsicótico
CLORPROMAZINA	Clorpromazina	Antipsicótico
CLOZAL	Cloxazolan	Ansiolítico
CONCERTA	Metilfenidato	Estimulante
CONVULSAN	Carbamazepina	Estabilizador
CYMBALTA	Duloxetina	Antidepressivo
DAFORIM	Fluoxetina	Antidepressivo
DALMADORM	Flurazepam	Ansiolítico-Hipnotico
DEPAKENE	Ac. Valproico	Estabilizador
DEPAKOTE	Divalproato	Estabilizador
DEPRESS	Fluoxetina	Antidepressivo
DENYL	Citalopram	Antidepressivo
DEPTRAN	Bromazepan	Ansiolítico-Hipnótico
DESIPRAMINE	Desipramina	Antidepressivo
DIAZEFAST	Diazepam	Ansiolítico
DIAZEPAN	Diazepan	Ansiolítico
DIENPAX	Diazepan	Ansiolítico
DOGMATIL	Sulpirida	Antipsicótico
DORMIRE	Midazolam	Ansiolítico
DONAREN	Trazodona	Antidepressivo
DORMIUN	Midazolan	Ansiolítico
DORMONID	Midazolan	Hipnótico
DROPERIDOL	Droperidol	Antipsicótico
EBIX	Memantima	Estimulante
EFEXOR	Venlafaxina	Antidepressivo
ELUM	Cloxazolan	Ansiolítico
EMOTIVAL	Hypericum	Antidepressivo
EPELIN	Fenitoina	Estabilizador
EQUILID	Sulpirida	Antipsicótico

Nome comercial	Nome químico	Nome clínico
ERANS	Donepezil	Estimulante
EUFOR	Fluoxetina	Antidepressivo
EXELON	Rivastigmina	Estimulante
FENITOINA	Fenitoína	Estabilizador Do Humor
FENOBARBITAL	Fenobarbital Do Humor	Estabilizador
FLUFENAN	Flufenazina	Antipsicótico
FLUOXETINA	Fluoxetina	Antidepressivo
FLUSERIN	Flunitrazepan	Ansiolítico
FLUXENE	Fluoxetina	Antidepressivo
FRONTAL	Alprazolan	Ansiolítico
FRISIUM	Clobazam	Ansiolítico
GAMAR	Gama	Estimulante
GARDENAL	Fenobarbital	Estabilizador
GEODON	Ziprazidona	Antipsicótico
HALCION	Triazolan	Ansiolítico
HALDOL	Haloperidol	Antipsicótico
HALOPERIDOF	Haloperidol	Antipsicótico
HIDANTAL	Fenitoina	Estabilizador
HIPEREX	Hypericum	Antidepressivo
HIPERICO	Hypericum	Antidepressivo
IMIPRAMINA	Imipramina	Antidepressivo
IMOVANE	Zopiclona	Ansiolítico
IPERISAN	Hypericum	Antidepressivo
IXEL	Milnaciprano	Antidepressivo
KIATRIUM	Diazepan	Ansiolítico
LAMICTAL	Lamotrigina	Estabilizador
LEPONEX	Clozapina	Neuroléptico - Antipsicótico
LEVOZINE	Levomepromazina	Antipsicótico
LEXAPRO	Excitalopran	Antidepressivo
LEXFAST	Bromazepam	Ansiolítico

Nome comercial	Nome químico	Nome clínico
LEXOTAN	Bromazepan	Ansiolítico-Hipnótico
LIMBRITOL	Amitriptilina	Antidepressivo
LIORAM	Zolpiden	Hipnótico
LITIOCAR	Lítio	Estabilizador
LONGACTIL	Clorpromazina	Antipsicótico
LORAX	Lorazepan	Ansiolítico-Hipnótico
LORIUM	Lorazepan	Ansiolítico-Hipnótico
LORAZEFAST	Lorazepam	Ansiolítico
LUDIOMIL	Maprotilina	Antidepressivo
LUVOX	Fluvoxamina	Antidepressivo
MAX-PAX	Lorazepan	Ansiolítico Hipnotico
MELLERIL	Tioridazina	Antipsicótico
MESMERIM	Lorazepan	Ansiolítico-Hipnótico
MIDAZOLAN	Midazolan	Ansiolítico
NARDIL	Fenelzina	Antidepressivo
NEOZINE	Levomepromazina	Antipsicótico
NERVIUM	Bromazepan	Ansiolítico
NEULEPTIL	Periciazina	Antipsicótico
NEURILAN	Bromazepan	Ansiolítico
NEURIUM	Lamotrigina	Estabilizador
NEUROLIL	Zopiclone	Hipnótico
NEUROLITHIUM	Litio	Estabilizador
NEUROTIN	Gabapentina	Estabilizador
NITRAPAN	Nitrazepan	Ansiolítico
NOAN	Diazepan	Ansiolítico
NOCTAL	Estazolan	Ansiolítico
NOOTRON	Piracetam	Estimulante
NOOTROPIL	PiraPiracetami	Estimulante

Nome comercial	Nome químico	Nome clínico
NORPRAMIM	Desipramina	Antidepressivo
NORTEC	Fluoxetina	Antidepressivo
NOVAZEPAN	Bromazepan	Ansiolítico
OLCADIL	Cloxazolan	Ansiolítico-Hipnótico
ONIRIUM	Triazolan	Ansiolítico
ORAP	Pimozida	Antipsicótico
PAMELOR	Nortriptilina	Antidepressivo
PAMERGAN	Prometazina	Ansiolítico
PARNATE	Tranilcipromina	Antidepressivo
PAROXETINA	Paroxetina	Antidepressivo
PASALIX	Fitoterápico	Ansiolítico
PASSIFLORINE	Fitoterápico	Ansiolítico-Hipnótico
PIPORTIL	Pipotiazina	Antipsicotico
PONDERA	Paroxetina	Antidepressivo
PROCIMAX	Citalopram	Antidepressivo
PROLIFT	Reboxetina	Antidepressivo
PROMETAZINA	Prometazina	Ansiolítico
PROPRANOLOL	Propranolol	Ansiolítico
PROTANOL	Amitriptilina	Antidepressivo
PROZAC	Fluoxetina	Antidepressivo
PSICOSEDIM	Clordiazepoxido	Ansiolítico
PSIQUIAL	Fluoxetina	Antidepressivo
REMERON	Mirtazapina	Antidepressivo
RESPIDON	Risperidona	Neuroléptico
REVIA	Naltrexona	Anti-alcoolismo
RISPERDAL	Risperidona	Antipsicótico
RISPERIDON	Risperidona	Antipsicótico
ROXETIM	Paroxetina	Antidepressivo
RITALINA	Metilfenidato	Estimulante
RIVOTRIL	Clonazepan	Ansiolítico
ROHYPNOL	Flunitrazepan	Ansiolítico-Hipnótico

Nome comercial	Nome químico	Nome clínico
SABRIL	Vigarbatrina	Estabilizador
SEMAP	Penfloridol	Antipsicotico
SERAX	Oxazepan	Ansiolítico
SERSERIN	Sertralina	Antidepressivo
SERENATA	Sertralina	Antidepressivo
SERENS	Fitoterapico	Ansiolítico
SERENUS	Passiflora	Ansiolítico
SEROQUEL	Quetiapina	Antipsícotico
SERTRALIM	Sertralina	Antidepressivo
SERTRALINA	Sertralina	Antidepressivo
SERZONE	Nefazodona	Antidepressivo
SOCIAN	Amisulpirida	Antipsicótico
SOMALIUM	Bromazepan	Ansiolítico
SOMAPLUZ	Diazepan	Ansiolítico
SONATA	Zaleplon	Ansiolítico
SONEBON	Nitrazepan	Ansiolítico
STABLON	Tianeptina	Antidepressivo
STELAZINE	Trifluperazina	Antipsicótico
STILNOX	Zolpiden	Ansiolítico-Hipnótico
SULPAN	Sulpirida	Antipsicótico
SURVECTOR	Amineptina	Antidepressivo
TANAKAN	Ginko-biloba	Estimulante
TEGRETOL	Carbamazepina	Estabilizador
TEGRETARD	Carbamazepina	Estabilizador
TOFRANIL	Imipramina	Antidepressivo
TOLREST	Sertralina	Antidepressivo
TOLVON	Mianserina	Antidepressivo
TOPAMAX	Topiramato	Estabilizador
TRANQUINAL	Alprazolan	Ansiolítico
TRANXILENE	Clorazepato	Ansiolítico
TRILEPTAL	Oxcarbamazepina	Estabilizador
TRIATIV	Hypericum	Antidepressivo

Nome comercial	Nome químico	Nome clínico
TRYPTANOL	Amitriptilina	Antidepressivo
TRYPTIL	Amitriptilina	Antidepressivo
URBANIL	Clobazan	Ansiolítico
VALERIANA	Fitoterápico	Ansiolítico
VALIUM	Diazepan	Ansiolítico
VALMANE	Fitoterápico	Ansiolítico
VALPAKINE	Valproato	Estabilizador
VENLAFAXINA	Venlafaxina	Antidepresivo
VENLIFIT	Venlafaxina	Antidepressivo
VEROTINA	Fluoxetina	Antidepressivo
WELBUGTRIM	Bupropiona	Antidepressivo
ZARGUS	Risperidona	Antipsicotico
ZETRON	Bupropiona	Antidepressivo
ZOLOFT	Sertralina	Antidepressivo
ZYBAN	Bupropiona	Antidepressivo
ZYPREXA	Olanzapina	Neuroléptico Antipsicótico

Quadro 17: Principais psicotrópicos comercializados no Brasil

O uso de psicotrópicos geralmente leva a alguns problemas clínicos que podem ser resolvidos com orientação e manejo psicológico, disso derivando a importância de o psicólogo hospitalar se familiarizar com tais situações.

Os antidepressivos são remédios que demoram para começar a fazer efeito terapêutico, em média três semanas, mas seus efeitos colaterais (boca, náuseas, tontura, agitação) podem se manifestar logo no início do tratamento. Por causa disso muitos pacientes acham que o remédio não faz efeito e abandonam o tratamento. É importante que o psicólogo possa orientar que "é assim mesmo", e que os efeitos colaterais tendem a passar em mais ou menos três semanas, ajudando assim o paciente a atravessar essa fase paradoxal do uso dos antidepressivos.

Outro aspecto crítico dos antidepressivos são seus efeitos sexuais: diminuição do desejo sexual e maior demora em atingir o orgasmo. Quando os pacientes não estão informados sobre isso, tendem a interpretar essas alterações exclusivamente em sentido psicológico. O psicólogo deve estar atendo a isso tanto para esclarecer o paciente como para incluí-lo em suas análises do psiquismo do paciente. Muitos pacientes temem o uso de antidepressivos pensando que eles causam dependência física. É importante esclarecer que isso não acontece.

Os calmantes, remédios para ansiedade e insônia, apresentam alto potencial para causar dependência, fato esse sinalizado pela faixa preta presente nas embalagens de tais medicamentos, e por isso seu uso deve ser restrito a, no máximo, poucas semanas. Infelizmente não é isso que ocorre na prática, e hoje existe um grande número de pacientes em uso crônico (ás vezes durante anos) de benzodiazepiníços (o calmante faixa-preta). Se o paciente está iniciando o uso desses medicamentos deve ser orientando sobre o risco de dependência, mas esclarecido que se o uso for controlado segundo orientação médica é possível obter os benefícios do medicamento sem desenvolver dependência. Isso quer dizer que os benzodiazepinicos não devem ser excluídos do tratamento, e que em que muitos casos eles são a melhor opção. Se o paciente já faz uso do remédio por longo tempo e deseja parar, deve fazê-lo sob rigorosa supervisão médica, e gradualmente, do contrário fracassará em sua tentativa, em razão de problemas de síndrome de abstinência. Outro ponto a ser considerado no uso dos benzodiazepinico é o risco de um paciente com histórico de dependência química, como por exemplo de álcool ou cocaína, começar a fazer uso dessa classe de medicação e também se tornar dependente dela.

Como regra geral, o paciente que estiver tomando remédios psiquiátricos não deve ingerir bebida alcoólica. O problema não é o álcool "cortar o efeito" do remédio, e sim os efeitos paradoxais que a interação entre as substância pode causar, tais como sedação excessiva, coma, problemas respiratórios e efeitos paradoxais. A mesma regra se aplica ao consumo de outras subtâncias comumente usadas por dependentes químicos.

Os remédios psiquiátricos são sintomáticos, ou seja, tratam o sintoma, mas não resolvem o processo mórbido subjacente. Essa é uma noção muito importante no seguimento do tratamento farmacológico, pois não raro o paciente, ao se ver livre dos sintomas, pode pensar que já está curado e interromper, por conta própria, a medicação, levando a recaídas graves. Em psiquiatria existe a necessidade, confirmada em inúmeros estudos científicos bem controlados, de se manter a medicação por alguns meses para além da remissão dos sintomas. Pode parecer estranho tomar um antidepressivo quando a pessoa já não se sente deprimida, mas a retirada precoce da medicação está correlacionada com altos índices de recaída.

Vias de Informação
Ou o *"caminho das pedras"*

No universo dos remédios, o psicólogo não tem de decorar nada, basta apenas saber aonde encontrar as informações que precisa e ser capaz de entender a linguagem em que essas informações estão redigidas. A questão da linguagem já foi tratada acima; aqui serão apresentadas as principais fontes de informações sobre medicamentos acessíveis ao psicólogo hospitalar: a bula dos remédios, os dicionários farmacêuticos, as tabelas específicas, o pessoal médico e o prontuário do paciente.

A bula é uma ótima fonte de informações, mas é preciso saber lê-la, do contrário a pessoa ou perderá muito tempo em busca da informação, ou terminará a leitura tão ou mais confusa do que antes. O propósito aqui é "ensinar a ler" uma bula.

A primeira coisa é se dar conta que a bula é como uma carta escrita em diferentes línguas e para diferentes destinatários — tudo isso num único texto. Ela é um texto técnico escrito em diferentes linguagens (científica, informal, jurídica, publicitária, etc.) e pretende oferecer informações para diferentes pessoas (médicos, pacientes, familiares, enfermeiros, farmacêuticos, autoridades, etc.). Por isso não é interessante ler a bula como se ela fosse um texto único, coisa que ela não é. Na verdade ela é uma colcha de retalhos, e a melhor forma de ler um texto assim é praticar a "leitura ao alvo". Nesse tipo de leitura, a pessoa não lerá a bula inteira, indo diretamente à seção que contenha informação que lhe interessa. É claro que para desenvolver essa habilidade de leitura ao alvo de bulas convém, ao mesmo uma vez, ler uma bula de cabo a rabo para conhecer as suas diversas seções. Depois de treinado, um psicólogo deve ser capaz de encontrar a informação que necessita em uma bula de remédio em no máximo cinco minutos; se exceder esse tempo, seria interessante rever seus conhecimentos de linguagem farmacológica e treinar mais um pouco. A maioria das bulas está dividida da seguinte maneira: um cabeçalho e o texto. No cabeçalho encontra-se, em primeiro lugar, o nome comercial escrito em destaque. Logo abaixo vem o nome químico. Muitas vezes, no canto superior direito ou esquerdo aparece o nome do laboratório farmacêutico que fabrica o produto. O texto se divide em várias seções:

- Composição química
- Informações técnicas
- Indicações terapêuticas
- Contra-indicações
- Reações adversas
- Posologia
- Apresentação

- COMPOSIÇÃO QUÍMICA: indica as substâncias químicas que compõem o medicamento. Nessa parte é mencionado o nome genérico do remédio.

- INFORMAÇÕES TÉCNICAS: apresenta os mecanismos por meio dos quais o remédio exerce seus efeitos terapêuticos, o que é chamado de "farmacodinâmica".

- INDICAÇÕES TERAPÊUTICAS: lista das principais doenças ou situações clínicas em que o remédio pode ser usado.

- CONTRA-INDICAÇÕES: adverte sobre as situações clínicas em que o remédio não pode ser utilizado ou deve ser utilizado com muita cautela.

- REAÇÕES ADVERSAS: menciona os efeitos colaterais mais comumente encontrados nos pacientes que usam o remédio.

- POSOLOGIA: sugere as dosagens mais adequadas para o tratamento com aquele remédio.

- APRESENTAÇÃO: relaciona as diferentes formas farmacêuticas (comprimido, cápsula, xarope, pomada, etc.) em que o produto é colocado à venda.

Quando estiver com a bula nas mãos, o psicólogo deve primeiramente localizar a seção que contém informações que ele está procurando e esquecer todas as outras seções. O psicólogo deve lembrar que uma bula não é para ser lida, mas para ser consultada, e no estilo "leitura ao alvo".

Guias e dicionários farmacêuticos

A quantidade de informações sobre o remédio é tão grande que não é possível dominá-la de forma completa e definitiva. Por isso foram elaborados "Guias de Consultas Rápidas" (Vade Mecum, Dicionário de Especialidade Farmacêutica, Tabelas Específicas, etc.) que disponibilizam as informações farmacológicas mais relevantes de forma bastante acessível. É fácil consultar esses guias, mas é interessante que o psicológo hospitalar se familiarize com o seu manuseio. Geralmente essas publicações se encontram disponíveis nos hospitais, mais exatamente no posto de enfermagem de cada enfermaria, ou na biblioteca do hospital. Cabe mencionar que não é nenhum demérito consultar esse material na frente do paciente ou de colegas: profissionais de saúde, tais como médico e enfermeiros, fazem isso constantemente e de maneira bem explícita.

Perguntas ao pessoal médico

Médicos, enfermeiras e farmacêuticas são ótimas fontes de informações sobre remédios, desde que o psicólogo domine minimamente a linguaguem da farmacologia, tanto para fazer a pergunta como para entender a resposta. O psicólogo hospitalar não deve ficar constrangido de fazer perguntas sobre remédios, primeiro porque ele não tem obrigação nenhuma de decorar coisas sobre esse tema, e depois, porque médicos gostam de responder perguntas quando eles sabem as respostas. Além disso, também é uma boa maneira de ir se "enturmando" na equipe.

Os grandes laboratórios farmacêuticos já disponibilizam, por telefone, serviços de informação voltado para pacientes e familiares, nos quais respondem às questões mais freqüentes sobre seus remédios. O psicólogo também pode se fazer valer desse canal para tirar suas dúvidas sobre medicamentos.

A internet está recheada de *sites* com informações sobre remédios, mas nesse caso, como também no dos laboratórios, é fundamental o psicólogo hospitalar manter uma postura crítica em relação a seus conteúdos, porque, como acontece em outros campos do saber, há uma banalização da informação que nem sempre resguarda a verdade cientifica. Não é porque uma coisa foi publicada, em livro ou na internet, que ela é verdadeira. Publicar livros e colocar material na internet é muito fácil, não passa por nenhum crivo. Já publicar artigos em revistas cientificas geralmente passa pela aceitação da comunidade cientifica. É importante lembrar disso.

Prontuário

Prontuário é o conjunto de documentos referentes ao paciente internado e inclui tanto os documentos administrativos como as informações médicas. Dentre essas últimas, dois documentos se destacam: a evolução e a prescrição.

A evolução geralmente se divide em "evolução médica" e "evolução da enfermagem". Na primeira, o médico anota diariamente as mudanças no estado físico e psíquico do paciente, seu diagnóstico, a medicação em uso e a programação terapêutica. A evolução da enfermagem, também diária, relata o comportamento geral do paciente, sua aceitação ou recusa de medicamentos, dietas e outras terapêuticas. A prescrição é feita pelo médico todos os dias, e nela ele escreve todos os remédios, com dosagem e horário, que o paciente deve receber, bem com as demais recomendações terapêuticas.

Convém que o psicólogo crie o hábito de consultar a evolução e a prescrição antes de se dirigir ao leito do paciente para seu atendimento. Esses documentos estão disponíveis no posto de enfermagem referente ao leito do paciente, e o psicólogo tem todo o direito de consultá-lo. É importante mencionar esse direito porque muitas vezes o psicólogo pode ser levado a se sentir um "intrometido", querendo "fuçar" nos papéis dos médicos: não é nada disto: o prontuário é do "paciente", e todos os profissionais que o atende devem ter acesso a ele. Atender um paciente sem ter lido previamente seu prontuário é, para o psicólogo hospitalar, um erro de técnica, se não de ética, e não só pelas informações referentes a remédios mas também por todas as outras informações disponíveis no prontuário: história clínica, medidas de proteção, risco de contaminação, etc.

Psicanálise do remédio

Um olhar psicanalítico sobre o remédio revela coisas muito interessantes, desde as fantasias do paciente até a medicalização da vida em nossa cultura, passando pelas expectativas de médicos e psicólogos a respeito do mundo dos medicamentos. Neste trabalho vamos utilizar como instrumento de análise o conceito lacaniano de RSI (Real, Simbólico e Imaginário). O Real é a coisa em si, o Simbólico o nome da coisa e tem que ver com a linguagem, enquanto o Imaginário é a fantasia que fazemos sobre a coisa: tem que ver com a subjetividade.

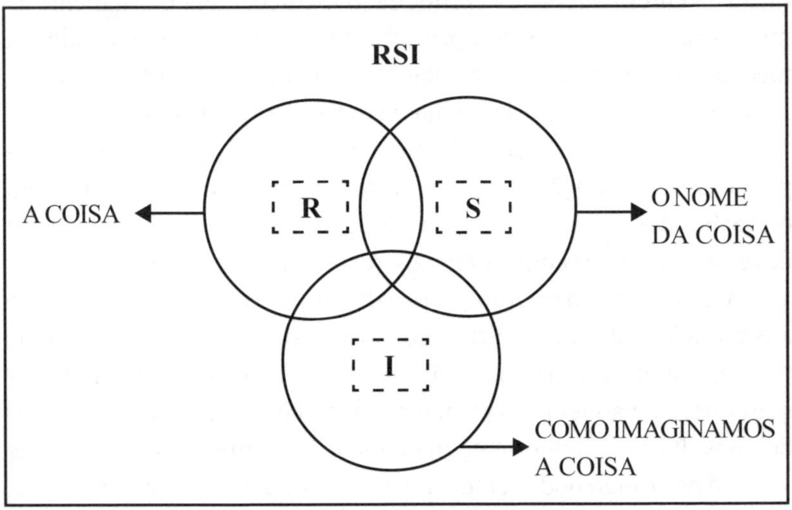

Figura 16: O real, o simbólico e o imaginário

Analisando o paciente

O remédio exerce uma ação química sobre o organismo do paciente (dimensão do Real) mas não se esgota nisso, pois além de substância química é também um signo que porta muitos significados (dimensão do Simbólico), e sua assimilação pelo organismo do paciente é influenciada pelas fantasias do paciente, do médico e da cultura (dimensão do Imaginário).

O Real é sempre algo desconhecido em sua totalidade e, no caso dos remédios, inúmeros são os medicamentos sobre os quais a medicina não tem noção clara de como funcionam. É importante notar que não é preciso saber como ele funciona para que ele funcione. O funcionamento da substância é um empirismo. Por outro lado, acreditar que ele vai funcionar, confiar, ter fé no remédio, isso sim faz muita diferença, como demonstram os estudos com placebo. Assim, podemos formular que o saber é da ordem do simbólico e o acreditar é da ordem do imaginário. Aliás, no Imaginário de todos nós está guardada a idéia de uma substância que, quando ingerida, cura a doença, alivia a dor e aplaca a angústia. Isso é algo atávico: até onde a história alcança, vemos o homem em busca dessa substância, primeiro como "poção mágica" e depois como "poção científica". No Imaginário, o remédio é sempre a "poção mágica" que irá nos salvar.

Outro aspecto muito interessante no Imaginário é a oralidade. A imensa maioria dos remédios é ministrada via oral, e isso não podem passar despercebido quando estamos falando de seres cuja primeira zona erógena localiza-se exatamente ali. De alguma forma o remédio é uma gratificação oral. Assim, pensando no remédio como um seio, podemos dizer que o remédio é quase uma mãe, tendo já o seio, só falta o resto do corpo.

No paciente, o aspecto simbólico do remédio se revela, por exemplo, no fato de que doentes crônicos, que usam um determinado remédio por longo tempo tornam-se praticamente um especialista naquele medicamento, lendo as bulas, discutindo com os médicos, conversando com outros pacientes, informando-se na mídia e na internet, etc. Eles constróem um saber cientificamente referenciado a respeito das substâncias que ingerem.

Analisando o psicólogo

O médico prescreve o remédio, o paciente o ingere, e o psicólogo faz o que em relação ao remédio?

Fala, conversa com o paciente sobre suas vivências com o remédio. O falar e o conversar insere-se no campo da linguagem, portanto do Simbólico. Tais conversas geralmente gravitam em torno das expectativas, frustrações e irritações do paciente em relação ao remédio, ou seja, aspectos relacionados ao Imaginário. Assim, o remédio tem para o psicólogo uma dimensão simbólica e imaginária, ficando a dimensão do Real quase vazia, um resto não simbolizado que funciona como referente. Na verdade, o psicólogo se sente excluído do mundo dos remédios: "isso é coisa para médicos", e, seguindo a idéia de que o remédio é um "falo", o psicólogo ficaria na posição de "castrado". Não raro é uma sensação de impotência dominar o psicólogo como se ele nada pudesse fazer nesta área.

Grande engano, pois existe todo o campo simbólico, e sabemos não ser pequeno nem destituído de importância. Nas situações mais difíceis, no hospital e na vida, quando não resta mais nada a fazer, quando todos os recursos técnicos já foram utilizados, há ainda uma coisa a ser feita: falar, falar e falar. A palavra também é um remédio. O psicólogo hospitalar não deve se esquecer disso, e tampouco se sentir inferiorizado por ser esse o único remédio ao seu alcance: ele é um remédio muito bom.

Os médicos comumente dispõem de pouco tempo para conversar com seus pacientes: fazem perguntas objetivas sobres sintomas e efeitos colaterais, escrevem a receita e despacham o paciente, com a esperança e o desejo genuíno de que o psicólogo converse com o paciente. E os psicólogos realmente o fazem: conversam longa e calmamente com o paciente sobre tudo, mesmo sobre remédios. Essa situação não deveria ser negligenciada quando fazemos cálculo sobre a aderência do paciente ao tratamento medicamentoso que está sendo indicado. Se o médico tem mais autoridade sobre o paciente, o psicólogo passa muito mais tempo com ele, e, como sabemos, a relação de transferência se faz de tempo e fantasias.

No instante em que o psicólogo adentra, profissionalmente, no universo hospitalar, no instante em que diz ter algo a fazer pelo paciente adoentado fisicamente, implica-se, sem escamoteamento, no universo do remédio, se não na sua dimensão Real, na dimensão do Imaginário e do Simbólico, seja por meio de seu trabalho clínico com o paciente, seja pelo seu trabalho teórico nos estudos das disciplinas ligadas à psicologia hospitalar.

Analisando o médico

O remédio é o "falo" do médico!

A dimensão Real do remédio é, para o médico, a mesma do paciente: uma tal ação química sobre os sistemas orgânicos. É um diálogo com o corpo do paciente fora da linguagem simbólica. Já no Imaginário as coisas se diferenciam , o médico se vê na posição de potência e o paciente na posição de passividade. O médico dá o remédio e o paciente o recebe; o médico sabe e o paciente nada sabe, devendo seguir à risca a perscrição. A potência imaginária do médico está, assim, intimamente ligada ao remédio, e é ele que tem a "poção mágica" que cura: ele tem o "falo", e é exatamente por isso que a não-aderência ao tratamento (quando o paciente recusa o remédio) deixa o médico desconcertado, sentindo-se desqualificado ou desrepeitado, podendo, então, agir com maturidade e entendendo o que se passa com o paciente ou então agir com irritação e rejeição em relação ao paciente. É nessa cena de recusa do remédio que muitas vezes o psicólogo hospitalar é chamado a intervir. O médico espera que o psicólogo faça o paciente aceitar a medicação, mas o psicólogo deve se lembrar que seu objetivo é facilitar a emergência da verdade do sujeito sobre o remédio, e não forçá-lo a tomar a medicação a qualquer custo, o que reduziria sua intervenção a uma psicologia da recusa.

Na dimensão simbólica o remédio é para o médico um vasto campo de estudo, repleto de teorias que tentam explicar seu mecanismo de funcionamento. Uma teoria não é a verdade (O Real), mas apenas uma descrição do real com a qual é possível obter resultados nesse real. No simbólico o remédio surge como palavra. Note-se que o remédio tem pelo menos três nomes: o nome químico, o nome comercial e o nome clínico. É na linguagem que o médico trabalha com o remédio: ele prescreve, ele estuda e conversa muito sobre os remédios com os colegas por meio de artigos científicos e outras publicações.

Analisando a cultura

A nossa cultura ocidental reserva um lugar muito especial para o remédio. Na dimensão do Real ele é um produto e se insere no mercado para o melhor e para o pior. O melhor é o extraordinário progresso científico alcançado pelas pesquisas farmacológicas, muitas vezes patrocinadas pelas grandes indústrias farmacêuticas, que proporcionam a criação de remédios cada vez mais eficientes. O pior é a mercantilização da vida, demonstrada na lógica de que só vale à pena desenvolver um remédio para uma determinada doença se a população que padece desse mal for economicamente interessante como mercado consumidor. Caso contrário, não.

Nossa época pos-moderna é pródiga em produzir informações, e o remédio não escapa disso. Há grande fartura de informações sobre medicamento na mídia e na internet, tanta informação, que o resultado é muitas vezes uma confusão, e não um esclarecimento. É quase uma inflação do Simbólico derramando-se sobre o Imaginário. Aliás, é no Imaginário que se evidencia uma das características básicas de nosso tempo: a idéia de que há remédio para tudo. Esse paradigma abre espaço para dois fenômenos interessantes: a medicalização da vida e a mercantilização da saúde.

A psicánalise procura demostrar que há no sujeito humano uma angústia que lhe é constituinte, intrínseca, que faz parte dele, e que vale mais a pena aprender como lidar com ela do que fazer de conta que ela é só uma doença, um acidente, e buscar uma substância química (remédio, drogas ilícitas, comida, etc.) que a cure definitivamente. Medicalização da vida é a tendência de enxergar, cada vez mais, características humanas como doenças, e portanto como objetos para a medicina. O melhor exemplo disso é a idéia de pensar toda tristeza humana como depressão passível de ser curada por antidepressivos. A mercantilização é a via complementar da medicalização. Se existe um remédio, façamos dele um produto. Essa é a marca de nosso mundo globalizado.

Evidentemente, esses poucos comentários baseados no RSI (Real, Simbólico e Imaginário) não esgotam uma psicanálise do remédio, nem foi esse o objetivo deste texto. O mérito dessa análise sumária reside em identificar os problemas mais evidentes relacionados ao universo do remédio na psicologia hospitalar e apontar o valor heurístico do RSI como instrumento de análise.

	R	**S**	**I**
MÉDICO	AÇÃO QUÍMICA	SABER (FARMACOLOGIA)	POTÊNCIA (FALO)
PACIENTE	AÇÃO QUÍMICA	FALA	SALVAÇÃO (POÇÃO MÁGICA)
PSICÓLOGO	?	POTÊNCIA (PALAVRA COMO REMÉDIO)	IMPOTÊNCIA (EXCLUSÃO)
CULTURA	PRODUTO	INFORMAÇÃO (MÍDIA)	MEDICALIZAÇÃO (MITO)

Quadro 18: Psicanálise do remédio

Bibliografia

Angerami, V. A. (Camon). *Psicologia Hospitalar: Atuação do Psicólogo no Contexto Hospitalar*. São Paulo, Traço, 1984.

________. (Camon). *E a Psicologia Entrou no Hospital*. São Paulo, Pioneira, 1996.

________. (Camon). *Urgências Psicológicas no Hospital*. São Paulo, Pioneira, 1998.

________. (Camon). *Psicologia da Saúde*. São Paulo, Pioneira, 2000.

________. (Camon). *Psicologia Hospitalar Teoria e Prática*. São Paulo, Pioneira, 2001.

Berlink, M. T. *Psicopatologia Fundamental*. São Paulo, Escuta, 2000.

Botega, N. J. *Prática Psiquiátrica no Hospital Geral*. Porto Alegre, Artmed, 2002.

Brow, T. et al. *Emergências Psiquiátricas*. São Paulo, Moraes, 1990.

Campos, T.C.P. *Psicologia: Atuação do Psicólogo em Hospitais*. São Paulo, EPU, 1995.

Cassem, N. *Assistência Médica para Pacientes Terminais*. São Paulo, Neuropsiconews, 2001.

Chiattone, H. B. C. "Significação da Psicologia no Contexto Hospitalar" in Angerami, V. A. *Psicologia da Saúde*. São Paulo, Pioneira, 2000.

Coppe, A A F e Miranda, E. M. F. "O Psicólogo Diante da Urgência no Pronto Socorro" in Angerami, V. *A. Urgências Psicológicas no Hospital*. São Paulo, Pioneira, 1998.

Chemama, R. *Dicionário de Psicanálise*. Larrouse, Porto Alegre, 1995.

Classificação dos Transtornos Mentais e de Comportamento da CID X. OMS. Porto Alegre, Artes Médicas, 1992.

Clavreul, J. *A Ordem Médica*. São Paulo, Brasiliense, 1983.

Cordioli, A. *Psicofármacos*. Porto Alegre, Artes Médicas, 2000.

Crema, R. *Análise Transacional Centrada na Pessoa e Mais Além*. Brasília, Do Autor, 1984.

Dale, M. *Farmacologia*. Rio de Janeiro, Koogan, 1991.

DEF — Dicionário de Especialidades Farmacêuticas. Rio de Janeiro, EPUC, 2001.

DSM IV — TR. Manual de Diagnóstico e Estatística de Transtornos Mentais. Porto Alegre, Artes Médicas, 2000.

DSM IV. Manual de Diagnóstico Diferencial. Porto Alegre, Artes Médicas, 2000.

Eksterman, A."A Medicina Psicossomática do Brasil" in Melo, J. *Psicossomática Hoje*. Porto Alegre. Artes Médicas 1992.

Freud, S. "A Dinâmica da Transferência". *Obras Completas*, vol. XII. — Edição Standard. Rio de Janeiro, Imago, 1980.

________.. "Estudos Sobre a Histeria". *Obras Completas*, vol. II — Edição Standard. Rio de Janeiro, Imago, 1980.

________. "Luto e Melancolia". *Obras Completas*, vol. XIV — Edição Standard. Rio de Janeiro, Imago, 1980.

________.. "Recordar, Repetir e Elaborar". *Obras Completas*, vol. XII — Edição Standard. Rio de Janeiro, Imago, 1980.

Gentil, V. *Pânico, Fobias e Obsessões*. São Paulo, Edusp, 1997.

Gordon R. *A Assustadora História da Medicina*. Rio de Janeiro, Ediouro, 1996.

Hermann, F. *O Método da Psicanálise*. São Paulo, Brasiliense, 2001.

Ipq – Boletim do Instituto de Psiquiatria da Faculdade de Medicina da USP-SP. Ano VIII, número 48, 2003.

Kaplan & Sadock. *Compêndio de Psiquiatria*. Porto Alegre, Artes Médicas, 1997.

________. *Medicina Psiquiátrica de Emergência*. Porto Alegre, Artes Médicas, 1995.

Kertész, R. *Manual de Análise Transacional*. Buenos Aires. Do Autor, 1977.

Kotze, L. "O Efeito Placebo". In *Ver. Bras. De Medicina Psicossomática*, vol. 2, nº 2. Rio de Janeiro, 1998.

Kubler-Ross, E. *Sobre a Morte e o Morrer*. São Paulo, Summus, 1989.

Lacan, J. *Écrits*. Paris, Seul, 1996.

________. *O Seminário — A Ética da Psicanálise. Livro 7*. Rio de Janeiro. Jorge Zahar, 1988.

________. *O Seminário — Os Quatro Conceitos Fundamentais da Psicanálise. Livro 11*. Rio de Janeiro. Zahar. 1988.

________. et al. *A Querela dos Diagnósticos*. Rio de Janeiro, Jorge Zahar, 1989.

Laplanche, J. *A Angústia*. São Paulo, Martins Fontes, 1987.

Laplantine, F. *Antropologia da Doença*. São Paulo, Martins Fontes, 1991.

Leite, M. P. S. *A Negação da Falta*. Rio de Janeiro, Relume Dumará, 1992.

Leite, M. P. S. *Psicanálise Lacaniana*. São Paulo, Iluminuras, 2000.

Linden, M. *Psicofarmacologia para Psicólogos*. São Paulo, EPU, 1980.

Magalhães, M. C. R. *Psicofarmacologia e Psicanálise*. São Paulo, Escuta, 2001.

Maldonado, M T. *A Relação Médico Paciente em Ginecologia Obstetrícia*. São Paulo, Rooco, 1989.

Medicamentos Genéricos Informações para Médicos e Profissionais da Saúde. São Paulo. CRM-SP/CREF-SP 2001.

Meleiro, A. et. al. *Psiquiatria e Psicologia no Hospital Geral*. São Paulo, Lemos, 1997.

Melo, J. *Psicossomática Hoje*. Porto Alegre, Artes Médicas, 1992.

Miller, J. A. *O Percurso de Lacan*. Rio de Janeiro, Jorge Zahar, 1988.

Moretto, M. L. T. *O que Pode um Analista no Hospital?* São Paulo, Casa do Psicólogo, 2001.

Nasio, J. *Como Trabalha um Psicanalista*. Rio de Janeiro, Jorge Zahar, 1999.

________. *O Prazer de ler Freud*. Rio de Janeiro, Jorge Zahar, 1999.

Neto, J. T. Coelho. *Semiótica Informação e Comunicação*. São Paulo, Perspectiva, 1999.

Neto, M. R. L. *Psiquiatria Básica*. Porto Alegre, Artes Médicas, 1995.

Nóbrega, C. *Em Busca da Empresa Quântica*. Rio de Janeiro, Ediouro, 1996.

Oliveira, A. B. *A Evolução da Medicina*. São Paulo, 1981.

Paciornick, R. *Dicionário Médico*. Rio de Janeiro, Koogan, 1999.

Paim, I. *Curso de Psicopatologia*. São Paulo, EPU, 1986.

Pereira, M. E. C. *Pânico – Um Estudo Psicanalítico*. São Paulo, Escuta, 1999.

Perestrello, D. *A Medicina da Pessoa*. São Paulo, Atheneu, 1989.

Pessotti, I. *A Loucura e as Épocas*. Rio de Janeiro. Editora 34, 1994.

Pita, A. *Hospital: Dor e Morte como Ofício*. São Paulo, Hucitec, 1990.

Ramos, D G. *A Psique do Coração*. São Paulo, Pensamento, 1987.

Ribeiro, H. P. *O Hospital: História e Crise*. São Paulo, Cortez, 1983.

Romano, B. W. *Princípios para Prática da Psicologia Clínica em Hospitais*. São Paulo, Casa do Psicólogo, 1999

Sabino, F. *Encontro Marcado*. Rio de Janeiro, Record, 1984.

Santos, R A e Ponzio, C. S. e Rizzi, B. "Atuação do Psicólogo Junta e Pacientes Vítimas da Tentativa de Suicídio na Unidade de Pronto-Socorro do Hospital Geral". In Angerami, V. A. *Psicologia Hospitalar*. São Paulo, Traço, 1984.

Savióli, R. *Milagres que a Medicina não Contou*. São Paulo, Ágape, 2002.

Sebastiani, R. W. "História e Evolução da Psicologia da Saúde numa Perspectiva Latinoamericana" in Angerami, V. *A Psicologia da Saúde*. São Paulo, Pioneira, 2000.

________. "Atendimento Psicológico no Centro de Terapia Intensiva". In Angerami, V. *A Psicologia Hospitalar: Teoria e Prática*. São Paulo, Pioneira, 2001.

________. e Fongaro, M. L. in Angerami, V. A. *E a Psicologia Entrou no Hospital*. São Paulo, Pioneira, 1996.

Scliar, M. *A Paixão Transformada*. São Paulo, Cia. das Letras, 1996.

Serres, M. *Filosofia Mestiça*. Rio de Janeiro, Nova Fronteira, 1993.

Simoton, C. *Coma a Vida de Novo*. São Paulo, Summus, 1987.

Sterian, A. *Emergências Psiquiátricas*. São Paulo, Casa do Psicológico, 2000.

Sthal, S. *Psicofarmacologia dos Antidepressivos*. Londres, Organon, 1997.

Sthal, S. *Psicofarmacologia Bases Neurocientíficas e Aplicações Clínicas*. Rio de Janeiro, Médici, 1996.

Trialat, E. *História da Histeria*. São Paulo, Escuta, 1991.

Veeten, S. *Revelações Místicas Através do Joelho*. Poona, Oshotimes, 1989.

Wartel, R. *Psicossomática e Psicanálise*. Rio de Janeiro, Jorge Zahar, 1990.